KLEINE BETTLEKTÜRE
FÜR UNVERZAGTE
OSTPREUSSEN

UND IHRE
WESTPREUSSISCHEN
LANDSLEUTE

Kleine Bettlektüre für unverzagte Ostpreußen

UND IHRE WESTPREUSSISCHEN LANDSLEUTE

Scherz

AUSGEWÄHLT VON
KATHARINA STEINER

INHALT

FRIEDA MAGNUS-UNZER

Ort des Paradieses

In bescheidenem Umfang kann ich sagen, ich habe Ostpreußen auswendig gelernt. Wenn ich nie mehr aus dem Hause gehen könnte und mein Augenlicht verlöre, so würde ich doch immer in Ostpreußen leben. Nicht daß dies eine Enge oder Einseitigkeit wäre; ich habe jahrelang in anderen Gegenden Deutschlands gewohnt, ich kenne südliche, westliche und auch nördliche Länder; aber Ostpreußen ist inwendig in mir.

Ich bin mir des durchfilterten Gletscherbodens bewußt, auf dem wir leben. Kein hartes Urgestein ist unter unsern Füßen, sondern tief und weich können wir nach dem Herzen der Mutter Erde zu bohren, und Wasser steigen in ihr auf – wie alte Erinnerungen an Wogenrauschen und Schneeschmelze. Wenn die Augen von den alten Moränenhügeln nach Norden schweifen, können sie unendliche Flächen weißen Schnees träumen und im Winter sogar schauen, wie Erde und Himmel zusammenschmelzen in einem Farbenton schwebenden Graues. Tausend Jahre sind vor dir wie ein Tag!

Als Gäste nur sind die Urgesteine zu uns gekommen. Wie Riesentiere liegen die Findlingsblöcke Skandinaviens an unserer Küste, in den Fichtenwäldern und unter dem moosigen Gras der Palwen. Weich tritt sich unsere Erde, und federnd hebt sie den Fuß, wo die versunkenen Wälder feuchten, torfigen Grund geschaffen haben, den ein Grün deckt, glänzender als Smaragd, und aus dem die Ellern ihre blanken Blätter und die Birken ihre weißen Stämme heben, die sich in schwarzen Moorseen in einer Stille spiegeln, daß man glaubt, eine polierte Stahlplatte vor sich zu haben. Darum schlingt sich ein Kranz von gelben Schwertlilien, ein Kranz von flockigem Wollgras im herben Geruch des Porstes, jahrhundertelang langsam enger und enger den Wasserspiegel umkreisend, bis aus der «Bedugnis» (dem Bodenlosen) eine sumpfige Wiese geworden ist, in welcher der Elch suhlt und nach einigen Jahrtausenden der Forstmann die erste Schonung anlegt.

Weich ist der Strand unseres Meeres, und was sonst die Tiefe der Erde birgt, hebt unsere Steilküste frei heraus. Die Jahresringe einer Episode des Erdwerdens kann man mit sinnendem Auge zählen. Was in der Sächsischen Schweiz durch Druck und Last von Millionen von Jahren älteren Werdens versteint ward, ist hier ungebunden geblieben, ewig wechselnd unter dem Einfluß von Regen und Sturmflut. Bis an den Absturz reicht der fruchtbare Acker, und Roggenfelder breiten sich landeinwärts bis zum Waldsaum, der aus fetter Erde Kraft holt, um mit riesigen Tannen, Linden und Eichen den Seestürmen Trotz zu bieten und die Geheimnisse seines Innern zu hüten.

Denn wenn es Zauberwälder gibt, so sind es die ostpreußischen. Sie sind nicht düster und drohend wie die Gebirgswälder, sondern sie sind wie heilige Haine, deren Boden bestreut ist mit Grün, Farnen und Blumen und deren Laubkronen in Farben tönen vom lichtesten Grün bis zum ernstesten Blauschwarz. Gewaltig werden sie da, wo die Eichen in Abständen von hundert Schritten wie Riesensäulen stehen, und doch schließen sich die Wipfel zu dämmernden Hallen, auf deren Boden nur ein kurzer grüner Grasteppich zu wachsen wagt. Mit den weiten Binnenseen Masurens wetteifern an Größe diese Wälder, in denen es lebt und wandert von schwer zu belauschenden, aber überall zu spürenden flüchtigen Wild- und Vogelarten, in denen es leuchtet von Blumen, Insekten und Pilzen und in denen es duftet nach Herbigkeit und Kraft nordischen Freiheitsgefühls.

Wenn wir Ostpreußen in Gebirgslandschaften kommen, so haben wir keine Ruhe, bis wir hoch auf einem Gipfel sind, von welchem wir hinaussehen können in eine weite Ebene und hinein in einen weiten Himmel. Wir ersticken in Tälern, denn das Auge ist das Himmelsrund gewöhnt, und die Wolken sind unsere Berge, die aus der Ebene des Meeres steigen, die bald wie liebliche Hügel, bald wie glänzende Eisberge den Horizont umsäumen und das tägliche Schauspiel des Sonnenauf- und -unterganges von der Idylle bis zum ergreifenden Drama variieren. Jede Lippe schweigt, und das Auge hängt wie gebannt am Sonnenball, wenn er in das Meer sinkt, langsam und glühend, bis der blaue Blitz als Rückschlag des Glanzes die Dämmerung kündet, die in den hellen Nächten des Sommers im Westen erst erlischt, wenn der Osten sie schon wieder aufnimmt.

Es gibt ein Wort, das heißt «Anjukaln». In ihm liegt die Zeitlosigkeit und die traumhafte Großartigkeit des Naturwunders, welches wir die Nehrung nennen. Der Aufstieg zu diesem Dünenberge durch den tiefen Sand gibt dem Schritt etwas Pilgerndes. Die moosbedeckten, niedrigen Fichten zu seiten des Weges führen ein Hungerdasein, das ihren Lebenswillen dem rieselnden Sande, dem salzigen Meerwind gegenüber desto inbrünstiger macht. Vielleicht siegt der Menschenwille, und sie bilden den Humus zu späteren Wäldern; vielleicht siegt der Sand, und ihr Leben erstickt in bleicher Unerbittlichkeit. «Der Blick verliert sich» – diesen Begriff kennt der Mittelländer nicht. Vom «Anjukaln» aus verliert der Blick sich bis zur Beängstigung, bis zur Rundung des Erdballes, und das Licht formt als Alleinherrscher Farbensymphonien in ungehinderter Weite der Luftschichten über Haff und Meer und dem schmalen, weißen Bande, das Menschen trägt und sie zu Zeugen seiner Herrlichkeit macht. Man könnte einen Menschen verstehen, der jahrelang zum Sonnenaufgang und Sonnenuntergang täglich den zwanzig Minuten langen Pilgergang von Nidden aus tut. Eine Kirche, die aus Stein gebaut ist, wird ihm danach zu eng sein für seinen Gottesdienst.

Herb ist unsere Luft, aber süß sind die Farben, so süß, daß man sich scheut, sie zu malen, weil sie zu schön sind. Man muß im Süden gewesen sein, um die Herbigkeit und den Wechsel unserer nördlichen Luft zu schätzen. Wie bei einer geistreichen Frau kann man bei ihr nie wissen, was sie morgen bieten wird. Der Abend legt sich mit windstiller Kühle zur Ruh', und mitten in der Nacht hört man von fern über weite Haff- und Wiesenflächen ein Sausen kommen; der Sturmkorb fliegt am Mast empor, und schon reitet auf riesigen Wolken der Sturm daher, und vor ihm flieht das Wasser in den Fluß zurück, staut auf, und wo vor einer Stunde grüne Flächen waren, wogt ein graues Überschwemmungsgebiet, aus welchem Weidenbäume ragen und über dem Krähenschwärme mit klappenden Flügeln ziehen, überholt von den segelnden Möwen, die pfeifend lachen vor Freude über soviel Wasser und über die Herrlichkeit ihrer eigenen Flugkunst.

In keinem Lande gibt es Gräben zwischen den Feldern vor der Erntezeit, wie in Ostpreußen. Sie sind ausgetrocknet in der Sommerwärme, und wenn du in ihnen entlanggehst, schlägt über dir das Korn mit gelben Ähren und der junge grüne Hafer mit seinen fedrigen Rispen zusammen, und du gehst in einer Allee von Maßliebchen, Skabiosen, Kornblumen, Mohn und Kornraden, so daß dir die Augen flimmern und du dich in die bunte Herrlichkeit werfen mußt, um im Brotgeruch des Kornes und in der Glut der Julisonne des alten Professors Hasse zu gedenken, der am Geburtstag König Friedrich Wilhelms III. in einem Vortrag in der Universität bewies, daß in Ostpreußen, dem Land der herausströmenden Wälder, das Paradies gelegen habe.

A. VON WEISS

Ostpreußisches Ortschaftsverzeichnis

Theerwischwolka, Perkunischken,
Kuth, Czymochen, Kampinischken,
Plampert, Mulk, Katrinigkeiten,
Uszpiaunen, Endruscheiten,
Pupkeim, Pudelkeim, Pupinnen,
Wickno, Wiersbau, Wiebs, Widminnen,
Jucha, Machenguth, Pogrimmen,
Swirkeln, Skirbst und Schuddledimmen,
Pilchen, Chelchen, Abschrey, Nassen,
Buddern, Wawern, Widdrichs, Prassen,
Kimschen, Kutzen, Rucken, Faulen,
Kummelupchen, Budschen, Maulen,
Kalenczinnen, Karkeln, Bumbeln,
Pissanitzen, Grondzken, Dumbeln,
Alxnupönen, Carallischken,
Schimiontken, Juckenischken,
Perkuiken, Mniodunsken,
Kuhdiebs, Czychen, Lomp, Mierunsken,
Gr.-Aschlacken und Schelecken,
Katzenduden, Kaszemecken,
Kölmisch, Kackschen, Eydginischken,
Truntz, Spirokeln, Tamowischken,
Wannagpuchen, Kartzanupchen,
Gr.-Aschnaggern und Meschkrupchen,

Mauen, Puspern, Olk, Farienen,
Gartenpungel, Kermuschienen,
Prosit, Prostken, Ackmonienen,
Liegetrocken, Czuppen, Bajohrgallen,
Punkt, Willpischken, Pusberschkallen,
Tutschen, Tutteln, Bammeln, Babbeln,
Spullen, Tullen, Spucken, Wabbeln,
Kabbeln, Gurkeln, Muldszen, Glommen,
Lenkuk, Gigarrn, Wusen, Wommen –
hast noch immer nicht genug,
nimm den Fahrplan vor und such!

FRITZ SKOWRONNEK

Die kranke Ente

Die Jäger der ganzen Gegend warteten schon
mit Sehnsucht auf den ersten Juli, der ihnen
die Eröffnung der Wasserjagd bringen sollte.
Noch sehnsüchtiger warteten sie auf die Post-
karte, mit der Herr Gusek auf Gonsken seine
guten Freunde und Bekannten zum Ententreiben
einzuladen pflegte; den gedruckten Jagdemble-
men war handschriftlich zugefügt: «Stelldichein
am 1. Juli, morgens 6 Uhr, im Gutshause. Viel
Munition erforderlich.»

Dieser Zusatz war für die alten Freunde überflüssig, denn sie kannten die Entenjagd des Gutes als ein Dorado für Wasserwild aller Art. Da gab es die großen Märzenten, zwei Sorten Krickenten, Löffelenten, Wasserhühner und Lietzen in übergroßer Zahl. Nicht selten kam man auch auf eine Rohrdommel oder einen Fischreiher zu Schuß.

Keine Kunst hätte dem Wild, das an Moor und Wasser zu nisten liebt, eine bessere Stätte, als der Gonsker See sie bot, schaffen können. Der Gutsherr sorgte außerdem für völlige Sicherheit vor Raubzeug und zweibeinigen Räubern.

Pünktlich zur festgesetzten Stunde fanden sich die Gäste im Gutshause ein, wo ihrer ein kräftiger Imbiß harrte. Ziemlich als der letzte erschien der Brauereibesitzer Mälzer aus der nahen Kreisstadt. Er hatte bei einem Zusammentreffen den Gutsherrn selbst um die Einladung gebeten. Über seine jagdlichen Eigenschaften war man noch im unklaren, weil er erst kürzlich zugezogen war. Nach seinen Erzählungen mußte er ein gewaltiger Nimrod sein, der alles kurz und klein schoß, was ihm vor die Flinte kam.

Echte Jäger pflegen, obwohl sie ab und zu ganz gern etwas Latein sprechen, ein Mißtrauen gegen Leute zu fassen, die vor der Jagd so viel mit dem Mund schießen wie Herr Mälzer. Namentlich wenn ihre Jagdausrüstung so verdächtig neu aussieht. Das ist bei keiner Art von Waidwerk so wenig angebracht wie bei der Entenjagd, wo man mit Wasser und Morast in recht nahe Berührung kommt.

Der Jagdherr war deshalb in Verlegenheit, wo er den vor Neuheit glänzenden Gast anstellen sollte, wenn er auf die roten Schnürschuhe und die glänzenden Ledergamaschen Rücksicht nehmen wollte. Die trockne Stelle am Südufer, die einzige, die dafür paßte, mußte eigentlich mit einem guten Flugschützen besetzt werden, weil jede Ente, die aufgestoßen wurde, quer über den See dorthin zog. Na, man würde ja sehen, was der neue Gast mit seiner modernen Schießmaschine, der Browning, leisten würde.

Der Morgennebel lag noch in dichten Schwaden auf dem See, als die Jagdgesellschaft sich auf den Weg machte. Bald tönte ihnen auch die liebliche Musik, die jedes Jägerherz erfreut, entgegen. Man vernahm in der stillen Sommerluft schon von weitem das dumpfe «Uump» der Rohrdommel, das Schnattern der Enten, das aufgeregte Krächzen der Haubentaucher, die sich mit den zänkischen Lietzen jagten und balgten.

Auch die Hunde merkten, was ihnen bevorstand. Sie zerrten an den Riemen und mieften vor Aufregung. Am See wurden die Plätze verteilt. Die meisten Schützen wurden zu Kahn an ihren Stand gebracht, wo ein Gitterwerk aus Latten über den unsicheren Boden gelegt war.

Herr Mälzer wurde von einem Jungen an seinen Standort geführt. Dort «schnallte» er sofort seinen Hund, einen bildschönen Setter, dessen Tugenden er beim Frühstück etwas lebhaft gerühmt hatte. Aber der Köter hatte wohl vergessen, Wasserstiefel anzuziehen; denn er kehrte nach einem kurzen Spaziergang von der nassen Wiese reumütig zu seinem Herrn zurück und lagerte sich zu seinen Füßen.

Jetzt verkündete ein kurzes Signal den Beginn der Jagd und rief die Jäger zur Aufmerksamkeit. Hier und dort sah man einen Hund, der die Enten wohl dicht vor sich haben mußte, lauthals ... ein dicker Erpel hob sich aus dem Rohr ... ein sicherer Schuß holte ihn herunter. Von mehreren Stellen ertönte ein lautes Bravo.

Das war ja das Reizende an dieser Jagd, daß man alles sah, was vorging. Ja, man hörte sogar die Hunde arbeiten und vernahm ihr heiseres Keuchen, so daß man sich bereithalten konnte, die vor ihnen flüchtenden Enten an der Schneuse zu begrüßen.

Von Minute zu Minute wurde es lebhafter. Hier und dort fielen Schüsse ... Dann hörte man: «Apporte ... faß doch ... apporte ... so schön hierher ... brav, mein Hund ... aus!»

Jetzt stieg aus dem Dickicht am Nordufer ein Schof von mindestens zwanzig Enten auf und zog mit pfeifendem Flügelschlag quer über den See.

«Nun werden wir ja sehen, was der Bierkocher kann», rief eine helle Stimme.

Vielleicht wäre dieser Ruf besser unterblieben; denn der Dicke, der sonst einen ziemlich phlegmatischen Eindruck machte, fieberte schon vor Aufregung. Die schwere Schießmaschine, die er viel zu früh angebackt hatte, flatterte in seinen Händen wie ein Lämmerschwanz. Viel zu früh schoß er auf die spitz ihm entgegenstreichenden Enten. Nach dem zweiten Schuß trennte sich ein Erpel, der wohl einen Hagel bekommen haben mußte, vom Schof und zog seitwärts ab. Natürlich nahm Herr Mälzer ihn aufs Korn und löste sich zweimal. Noch war der Knall nicht verhallt, als eine wütende Stimme ertönte:

«Donnerwetter, Herr, sind Sie verrückt?! Sehen Sie denn nicht, daß ich hier stehe? Wenn Sie das noch einmal tun, schieß ich zurück.»

Noch eine ganze Weile schimpfte der Nachbar, ein graubärtiger Grünrock, und er hatte alle Ursache dazu; denn der unvorsichtige Schütze hatte ihn beim ersten Schuß mit Schrot überschüttet. Zum Glück hatte der Förster, der dem Dicken mißtraute, gesehen, wie er nach seiner

Richtung hinzielte, hatte sich abgewendet und gebückt. So saßen die drei Hagel, die er abbekommen hatte, zwar an ungefährlicher Stelle im dicken Fleisch, aber sie schmerzten nichtsdestoweniger.

Dem glücklichen Schützen war die Lust am Waidwerk vergangen. Seinem Köter ging es umgekehrt. Das Krachen der Schüsse hatte seine Abneigung gegen das Wasser besiegt. Im Galopp stürmte er über die Wiese und verschwand im Röhricht ... Im nächsten Augenblick zogen zwei Enten über die Schneuse, dicht vor Herrn Mälzer. Gleich darauf kamen vor ihm noch drei Enten hoch und zogen unbeschossen ab.

Nun rief der Grünrock wieder: «Weshalb schießen Sie nicht? Sind Sie bloß zum Zusehen gekommen?»

Noch etwas zaghaft hob der Bierbrauer seine Flinte. Er war damit noch nicht fertig, als schon wieder mehrere Enten über die Schneuse zogen.

Er machte noch Dampf auf die Stelle, wo er das Rohr sich bewegen sah und rief nach seinem Hund. Aber Hektor hielt wohl das Jagen für wichtiger als das Apportieren und kam nicht.

Er ließ sich auch trotz allen Pfeifens und Rufens nicht blicken, als sein Herr zweimal Dampf machte und eine Ente erlegte. In stummer Verzweiflung sah Herr Mälzer, wie seine Beute plötzlich wieder Leben bekam und im Rohr verschwand.

Mit der nächsten wäre es ihm beinahe ebenso ergangen. Nach dem Schuß flatterte sie auf, aber nur wenige Schritte nach dem Ufer zu. Dort fiel sie ins Gras. Noch einmal sah der glückliche Schütze sich etwas regen, dann wurde es still. Nun gab es für ihn kein Besinnen mehr. Mit langen Schritten lief er auf die Stelle zu, die er fest im Auge behalten hatte. Das dunkle Moorwasser spritzte an ihm empor. Schuhe und Gamaschen waren im Augenblick schwarz gefärbt ... er achtete nicht darauf.

Ein großes Glücksgefühl erfüllte ihn, als er die Beute aufhob und auf seinen Stand zurückkehrte. Daß es die erste Ente war, die er erlegte, brauchte er ja keinem auf die Nase zu binden. Nun schien auch der Bann gebrochen; denn schnell hintereinander holte er zwei Kricken aus der Luft herunter. Beide fielen so gut, daß er sie sich selbst apportieren konnte.

Kaum hatte er wieder geladen, als sein Nachbar, der schon in versöhnlicherer Stimmung zu sein schien, ihm zurief: «Achtung, vier, fünf, sechs Enten kommen auf Sie zu!»

Mit angelegter Flinte starrte der Dicke auf die Schneuse. Wenn er jetzt eine Dublette machen könnte! Allmählich wurden ihm die Arme müde ... er ließ das Gewehr wieder sinken.

Forschend musterte er das Röhricht, ob es sich nicht bewegte ... Da, dicht am Rande der Wiese, von einer Staude Wasserschierling halb verdeckt, war ein dunkler Punkt, den er bisher noch nicht bemerkt hatte. Eine Ente schien es nicht zu sein.

Jetzt glaubte er ein leises Schnaufen zu vernehmen. Wie ein Blitz schoß ihm der Gedanke durch den Kopf, das könnte nur ein Fischotter sein. Daß schon mehrmals solch ein Wild hier auf der Entenjagd erlegt worden war, hatte er morgens erzählen hören.

Je mehr er auf den Fleck hinsah, desto fester wurde seine Überzeugung, daß er das seltene Wild vor sich hatte. Mit unmerklicher Bewegung hob er das Gewehr, zielte sorgfältig und machte den Finger krumm. Trotz des Knalles glaubte er einen ächzenden Laut zu vernehmen. Und der dunkle Fleck war weg! Kein Zweifel, er hatte getroffen, er hatte einen Otter geschossen.

Nun galt es schnell und entschlossen zu handeln, denn das Tier, das so vorzüglich schwimmt, geht, wenn es gut getroffen ist, sofort unter. Während er das Gewehr hinlegte, mußte er daran denken, was das für ein Hallo geben würde, wenn er in seiner Strecke einen Otter hatte. Ohne Furcht oder Bedenken lief er über die schwankende Grasdecke ... Jetzt war er dicht an der Schierlingsstaude. Mehrere Stengel waren von den Schroten geknickt. Und da war nußfarbener Schlamm emporgequollen, wo seine Beute versunken war.

Ohne Zaudern warf er sich hin und faßte mit der Hand in den Morast. Bis zur Schulter mußte er sie eintauchen, aber nun stießen seine Finger auf etwas Weiches . . . Er spürte ein Fell . . . und packte zu . . .

Donnerwetter, war der Otter schwer! Aber raus mußte er . . . Jetzt tauchte der Rücken auf . . . Ein gewaltiger alter Bursche mußte das sein! Eine Sekunde später wußte Herr Mälzer, was er geschossen hatte. Als er sich mit einem dumpfen Laut, der sich aus Wut und Ärger zusammensetzte, umwandte, stand der graubärtige Grünrock vor ihm.

«Nanu, was haben Sie denn geschossen? Einen Hund? Das ist aber eine eklige Geschichte . . . Das kann ein paar hundert Emmchen kosten.»

«Das ist ja mein Hund», schrie der Bierbrauer wütend. «Ich hielt ihn für eine kranke Ente.»

«Dann ist das was anderes.»

«Zum Verrücktwerden ist das. Und das nennt man ein Vergnügen. Ich pfeif auf die Entenjagd . . . Ich fahre nach Hause.»

«Daran tun Sie recht. Sie haben ja heute auch schon genug geleistet. Erst schießen Sie mich an . . .»

«Was verlangen Sie dafür?»

Nun wurde der Graubart sacksiedegrob. Er hätte sich sonst mit einer höflichen Entschuldigung begnügt, jetzt forderte er einen Blauen für den Verein, der Försterwaisen unterstützt.

Das war unangenehm, aber für einen reichen Mann zu verschmerzen. Viel unangenehmer war es dem Herrn Brauereibesitzer, daß ihm am nächsten Morgen der Milchfuhrmann von Gonsken den toten Hektor brachte ... damit zerrann das Märchen, das er seiner Gattin über den Verbleib des Hundes aufgebunden hatte ... Über die Szene, die nun folgte, hat nie etwas Genaues verlautet. Man erfuhr nur, daß Frau Mälzer die ganze Jagdausrüstung ihres Gatten unter der Hand verkauft hatte ...

GÜNTER GRASS

Der weite Rock

Meine Großmutter Anna Bronski saß an einem späten Oktobernachmittag in ihren Röcken am Rande eines Kartoffelackers. Am Vormittag hätte man sehen können, wie es die Großmutter verstand, das schlaffe Kraut zu ordentlichen Haufen zu rechen, mittags aß sie ein mit Sirup versüßtes Schmalzbrot, hackte dann letztmals den Acker nach, saß endlich in ihren Röcken zwischen zwei fast vollen Körben. Vor senkrecht gestellten, mit den Spitzen zusammenstrebenden Stiefelsohlen schwelte ein manchmal asthmatisch auflebendes, den Rauch flach und umständlich über die kaum geneigte Erdkruste hinschickendes Kartoffelkrautfeuer. Man schrieb das Jahr neunundneunzig, sie saß im Herzen der Kaschubei, nahe bei Bissau, noch näher der Ziegelei, vor Ramkau saß sie, hinter Viereck, in Richtung der Straße nach Brenntau, zwischen Dirschau und Karthaus, den schwarzen Wald Goldkrug im Rücken saß sie und schob mit einem an der Spitze verkohlten Haselstock Kartoffeln unter die heiße Asche.

Wenn ich soeben den Rock meiner Großmutter besonders erwähnte, hoffentlich deutlich genug sagte: Sie saß in ihren Röcken – ja, das Kapitel «Der weite Rock» überschreibe, weiß ich, was ich diesem Kleidungsstück schuldig bin. Meine Großmutter trug nicht nur einen Rock, vier Röcke trug sie übereinander. Nicht etwa, daß sie einen Ober- und drei Unterröcke getragen hätte; vier sogenannte Oberröcke trug sie, ein Rock trug den nächsten, sie aber trug alle vier nach einem System, das die Reihenfolge der Röcke von Tag zu Tag veränderte. Was gestern oben saß, saß heute gleich darunter; der zweite war der dritte Rock. Was gestern noch dritter Rock war, war ihr heute der Haut nahe. Jener ihr gestern nächste Rock ließ heute deutlich sein Muster sehen, nämlich gar keines: die Röcke meiner Großmutter Anna Bronski bevorzugten alle denselben kartoffelfarbenen Wert. Die Farbe muß ihr gestanden haben.

Außer dieser Farbgebung zeichnete die Röcke meiner Großmutter ein flächenmäßig extravaganter Aufwand an Stoff aus. Weit rundeten sie sich, bauschten sich, wenn der Wind ankam, erschlafften, wenn er genug hatte, knatterten, wenn er vorbei ging, und alle vier flogen meiner Großmutter voraus, wenn sie den Wind im Rücken hatte.

Wenn sie sich setzte, versammelte sie ihre Röcke um sich.

Neben den vier ständig geblähten, hängenden, Falten werfenden oder steif und leer neben ihrem Bett stehenden Röcken besaß meine Großmutter einen fünften Rock. Dieses Stück unterschied sich in nichts von den vier anderen kartoffelfarbenen Stücken. Auch war der fünfte Rock nicht immer derselbe fünfte Rock. Gleich seinen Brüdern – denn Röcke sind männlicher Natur – war er dem Wechsel unterworfen, gehörte er vier getragenen Röcken an und mußte gleich ihnen, wenn seine Zeit gekommen war, an jedem fünften Freitag in die Waschbütte, sonnabends an die Wäscheleine vors Küchenfenster und nach dem Trocknen aufs Bügelbrett.

Wenn meine Großmutter nach solch einem Hausputzbackwaschundbügelsonnabend, nach dem Melken und Füttern der Kuh ganz und gar in den Badezuber stieg, der Seifenlauge etwas mitteilte, das Wasser im Zuber dann wieder fallen ließ, um sich in großgeblümtem Tuch auf die Bettkante zu setzen, lagen vor ihr auf den Dielen die vier getragenen Röcke und der frischgewaschene Rock ausgebreitet. Sie stützte mit dem rechten Zeigefinger das untere Lid ihres rechten Auges, ließ sich von niemandem, auch von ihrem Bruder Vinzent nicht, beraten und kam deshalb schnell zum Entschluß. Barfuß stand sie und stieß mit den Zehen jenen Rock zur Seite, welcher vom Glanz der Kartoffelfarbe den meisten Schmelz eingebüßt hatte. Dem reinlichen Stück fiel dann der frei gewordene Platz zu.

Jesu zu Ehren, von dem sie feste Vorstellungen hatte, wurde am folgenden Sonntagmorgen die aufgefrischte Rockreihenfolge beim Kirchgang nach Ramkau eingeweiht. Wo trug meine Großmutter den gewaschenen Rock? Sie war nicht nur eine saubere, war auch eine etwas eitle Frau, trug das beste Stück sichtbar und bei schönem Wetter in der Sonne.

Nun war es aber ein Montagnachmittag, an dem meine Großmutter hinter dem Kartoffelfeuer saß. Der Sonntagsrock kam ihr montags eins näher, während ihr jenes Stück, das es sonntags hautwarm gehabt hatte, montags recht montäglich trüb oberhalb von den Hüften floß. Sie pfiff, ohne ein Lied zu meinen, und scharrte mit dem Haselstock die erste gare Kartoffel aus der Asche. Weit genug schob sie die Bulve neben den schwelenden Krautberg, damit der Wind sie streifte und abkühlte. Ein spitzer Ast spießte dann die angekohlte und krustig geplatzte Knolle, hielt diese vor ihren Mund, der nicht mehr pfiff, sondern zwischen windtrocknen, gesprungenen Lippen Asche und Erde von der Pelle blies.

Beim Blasen schloß meine Großmutter die Augen. Als sie meinte, genug geblasen zu haben, öffnete sie die Augen nacheinander, biß mit Durchblick gewährenden, sonst fehlerlosen Schneidezähnen zu, gab das Gebiß sogleich wieder frei, hielt die halbe, noch heiße Kartoffel mehlig und dampfend in offener Mundhöhle und starrte mit gerundetem Blick über geblähten, Rauch und Oktoberluft ansaugenden Naslöchern den Acker entlang bis zum nahen Horizont mit den einteilenden Telegrafenstangen und dem knappen oberen Drittel des Ziegeleischornsteines.

Es bewegte sich etwas zwischen den Telegrafenstangen. Meine Großmutter schloß den

Mund, nahm die Lippen nach innen, verkniff die Augen und mümmelte die Kartoffel. Es bewegte sich etwas zwischen den Telegrafenstangen. Es sprang da etwas. Drei Männer sprangen zwischen den Stangen, drei auf den Schornstein zu, dann vorne herum und einer kehrt, nahm neuen Anlauf, schien kurz und breit zu sein, kam auch drüber, über die Ziegelei, die beiden anderen, mehr dünn und lang, knapp aber doch, über die Ziegelei, schon wieder zwischen den Stangen, der aber, klein und breit, schlug Haken und hatte es klein und breit eiliger als dünn und lang, die anderen Springer, die wieder zum Schornstein hin mußten, weil der schon drüber rollte, als die, zwei Daumensprünge entfernt, noch Anlauf nahmen und plötzlich weg waren, die Lust verloren hatten, so sah es aus, und auch der Kleine fiel mitten im Sprung vom Schornstein hinter den Horizont.

Da blieben sie nun und machten Pause oder wechselten das Kostüm oder strichen Ziegel und bekamen bezahlt dafür.

Als meine Großmutter die Pause nützen und eine zweite Kartoffel spießen wollte, stach sie daneben. Kletterte doch jener, der klein und breit zu sein schien, im selben Kostüm über den Horizont, als wäre das ein Lattenzaun, als hätt' er die beiden Hinterherspringer hinter dem

Zaun, zwischen den Ziegeln oder auf der Chaussee nach Brenntau gelassen, und hatte es trotzdem eilig, wollte schneller sein als die Telegrafenstangen, machte lange, langsame Sprünge über den Acker, ließ Dreck von den Sohlen springen, sprang sich vom Dreck weg, aber so breit er auch sprang, so zäh kroch er doch über den Lehm. Und manchmal schien er unten zu kleben, dann wieder so lange in der Luft still zu stehn, daß er die Zeit fand, sich mitten im Sprung klein aber breit die Stirn zu wischen, bevor sich sein Sprungbein wieder in jenes frischgepflügte Feld stemmen konnte, das neben den fünf Morgen Kartoffeln zum Hohlweg hinfurchte.

Und er schaffte es bis zum Hohlweg, war kaum klein und breit im Hohlweg verschwunden, da kletterten auch schon lang und dünn die beiden anderen, die inzwischen die Ziegelei besucht haben mochten, über den Horizont, stiefelten sich so lang und dünn, dabei nicht einmal mager über den Lehm, daß meine Großmutter wiederum nicht die Kartoffel spießen konnte; denn so etwas sah man nicht alle Tage, daß da drei Ausgewachsene, wenn auch verschieden gewachsene, um Telegrafenstangen hüpften, der Ziegelei fast den Schornstein abbrachen und dann in Abständen, erst klein und breit dann dünn und lang, aber alle drei gleich mühsam, zäh und immer mehr Lehm unter den Sohlen mitschleppend, frischgeputzt durch den vor zwei Tagen vom Vinzent gepflügten Acker sprangen und im Hohlweg verschwanden.

Nun waren alle drei weg und meine Großmutter konnte es wagen, eine fast erkaltete Kartoffel zu spießen. Flüchtig blies sie Erde und Asche von der Pelle, paßte sie sich gleich ganz in die Mundhöhle, dachte, wenn sie dachte: die werden wohl aus der Ziegelei sein, und kaute noch kreisförmig, als einer aus dem Hohlweg sprang, sich über schwarzem Schnauz wild umsah, die zwei Sprünge zum Feuer hin machte, vor, hinter, neben dem Feuer gleichzeitig stand, hier fluchte, dort Angst hatte, nicht wußte wohin, zurück nicht konnte, denn rückwärts kamen sie dünn durch den Hohlweg lang, daß er sich schlug, aufs Knie schlug und Augen im Kopf hatte, die beide raus wollten, auch sprang ihm Schweiß von der Stirn. Und keuchend, mit zitterndem Schnauz, erlaubte er sich näher zu kriechen, heranzukriechen bis vor die Sohlen; ganz nah heran kroch er an die Großmutter, sah meine Großmutter an wie ein kleines und breites Tier, daß sie aufseufzen mußte, nicht mehr die Kartoffel kauen konnte, die Schuhsohlen kippen ließ, nicht mehr an die Ziegelei, nicht an Ziegel, Ziegelbrenner und Ziegelstreicher dachte, sondern den Rock hob, nein, alle vier Röcke hob sie hoch, gleichzeitig hoch genug, daß der, der nicht aus der Ziegelei war, klein aber breit ganz darunter konnte und weg war mit dem Schnauz und sah nicht mehr aus wie ein Tier und war weder aus Ramkau noch aus Viereck, war mit der Angst unterm Rock und schlug sich nicht mehr aufs Knie, war weder breit noch klein und nahm trotzdem seinen Platz ein, vergaß das Keuchen, Zittern und Hand aufs Knie: still war es wie am ersten Tag oder am letzten, ein bißchen Wind klöhnte im Krautfeuer, die Telegrafenstangen zählten sich lautlos, der Schornstein der Ziegelei behielt Haltung und sie, meine Großmutter, sie strich den obersten Rock überm zweiten Rock glatt und vernünftig, spürte ihn kaum unterm vierten Rock und hatte mit ihrem dritten Rock noch gar nicht begriffen, was ihrer Haut neu und erstaunlich sein wollte. Und weil das erstaunlich war, doch oben vernünftig lag und zweitens wie drittens noch nicht begriffen hatte, scharrte sie sich zwei drei Kartoffeln aus der Asche, griff vier rohe aus dem Korb unter ihrem rechten Ellenbogen, schob die rohen Bulven nacheinander in die heiße Asche, bedeckte sie mit noch mehr Asche und stocherte, daß der Qualm auflebte – was hätte sie anderes tun sollen?

Kaum hatten sich die Röcke meiner Großmutter beruhigt, kaum hatte sich der dickflüssige

Qualm des Kartoffelfeuers, der durch heftiges Knieschlagen, durch Platzwechsel und Stochern seine Richtung verloren hatte, wieder windgerecht gelb den Acker bekriechend nach Südwest gewandt, da spuckte es die beiden Langen und Dünnen, die dem kleinen aber breiten, nun unter den Röcken wohnenden Kerl hinterher waren, aus dem Hohlweg, und es zeigte sich, daß sie lang, dünn und von Berufs wegen die Uniformen der Feldgendarmerie trugen.

Fast schossen sie an meiner Großmutter vorbei. Sprang nicht der eine sogar übers Feuer? Hatten jedoch auf einmal Hacken und in den Hacken ihr Hirn, bremsten, drehten, stiefelten, standen in Uniformen gestiefelt im Qualm und zogen hüstelnd die Uniformen, Qualm mitziehend, aus dem Qualm und hüstelten immer noch, als sie meine Großmutter ansprachen, wissen wollten, ob sie den Koljaiczek gesehen, denn sie müsse ihn gesehen haben, da sie doch hier am Hohlweg sitze, und er, der Koljaiczek, sei durch den Hohlweg entkommen.

Meine Großmutter hatte keinen Koljaiczek gesehen, weil sie keinen Koljaiczek kannte. Ob der von der Ziegelei sei, wollte sie wissen, denn sie kenne nur die von der Ziegelei. Die Uniformen aber beschrieben ihr den Koljaiczek als einen, der nichts mit Ziegeln zu tun habe, der vielmehr ein Kleiner, Breiter sei. Meine Großmutter erinnerte sich, hatte solch einen laufen sehen, zeigte, ein Ziel ansprechend, mit dampfender Kartoffel auf spitzem Ast in Richtung Bissau, das der Kartoffel nach zwischen der sechsten und siebenten Telegrafenstange, wenn man vom Ziegeleischornstein nach rechts zählte, liegen mußte. Ob aber jener Läufer ein Koljaiczek gewesen, wußte meine Großmutter nicht, entschuldigte ihre Unwissenheit mit dem Feuer vor ihren Stiefelsohlen; das gäbe ihr genug zu tun, das brenne nur mäßig, deshalb könne sie sich auch nicht um andere Leute kümmern, die hier vorbeiliefen oder im Qualm stünden, überhaupt kümmere sie sich nie um Leute, die sie nicht kenne, sie wisse nur, welche es in Bissau, Ramkau, Viereck und in der Ziegelei gäbe – die reichten ihr gerade.

Als meine Großmutter das gesagt hatte, seufzte sie ein bißchen, doch laut genug, daß die Uniformen wissen wollten, was es zu seufzen gäbe. Sie nickte dem Feuer zu, was besagen sollte, sie hätte wegen des mäßigen Feuerchens geseufzt und wegen der vielen Leute im Qualm auch etwas, biß dann mit ihren weit auseinanderstehenden Schneidezähnen der Kartoffel die Hälfte ab, verfiel ganz dem Kauen und ließ die Augäpfel nach oben links rutschen.

Die in den Uniformen der Feldgendarmerie konnten dem abwesenden Blick meiner Großmutter keinen Zuspruch entnehmen, wußten nicht, ob sie hinter den Telegrafenstangen Bissau suchen sollten und stießen deshalb einstweilen mit ihren Seitengewehren in die benachbarten, noch nicht brennenden Krauthaufen. Plötzlicher Eingebung folgend, warfen sie gleichzeitig die beiden fast vollen Kartoffelkörbe unter den Ellenbogen meiner Großmutter um und konnten lange nicht begreifen, warum nur Kartoffeln aus dem Geflecht vor ihre Stiefel rollten und kein Koljaiczek. Mißtrauisch umschlichen sie die Kartoffelmiete, als hätte sich der Koljaiczek in solch kurzer Zeit einmieten können, stachen auch gezielt zu und vermißten den Schrei eines Gestochenen. Ihr Verdacht traf jedes noch so heruntergekommene Gebüsch, jedes Mauseloch, eine Kolonie Maulwurfshügel und immer wieder meine Großmutter, die dasaß wie gewachsen, Seufzer ausstieß, die Pupillen unter die Lider zog, doch das Weiße sehen ließ, die die kaschubischen Vornamen aller Heiligen aufzählte – was eines nur mäßig brennenden Feuerchens und zweier umgestürzter Kartoffelkörbe wegen leidvoll betont und laut wurde.

Die Uniformen blieben eine gute halbe Stunde. Manchmal standen sie fern, dann wieder dem Feuer nahe, peilten den Schornstein der Ziegelei an, wollten auch Bissau besetzen, schoben den Angriff auf und hielten blaurote Hände übers Feuer, bis sie von meiner Großmutter, ohne daß sie das Seufzen unterbrochen hätte, jeder eine geplatzte Kartoffel am Stöckchen bekamen. Doch mitten im Kauen besannen sich die Uniformen ihrer Uniformen, sprangen einen Steinwurf weit in den Acker, den Ginster am Hohlweg entlang und scheuchten einen Hasen auf, der aber nicht Koljaiczek hieß. Am Feuer fanden sie wieder die mehligen, heißduftenden Bulven und entschlossen sich friedfertig, auch etwas abgekämpft, die rohen Bulven in jene Körbe wieder zu sammeln, welche umzustürzen zuvor ihre Pflicht gewesen war.

Erst als der Abend dem Oktoberhimmel einen feinen schrägen Regen und tintige Dämmerung ausquetschte, griffen sie noch rasch und lustlos einen entfernten, dunkelnden Feldstein an, ließen es dann aber, nachdem der erledigt, genug sein. Noch etwas Beinevertreten und Hände segnend übers verregnete, breit und lang qualmende Feuerchen halten, noch einmal Husten im grünen Qualm, ein tränendes Auge im gelben Qualm, dann hüstelndes, tränendes Davonstiefeln in Richtung Bissau. Wenn der Koljaiczek nicht hier war, mußte Koljaiczek in Bissau sein. Feldgendarmen kennen immer nur zwei Möglichkeiten.

Der Rauch des langsam sterbenden Feuers hüllte meine Großmutter gleich einem fünften und so geräumigen Rock ein, daß sie sich in ihren vier Röcken, mit Seufzern und heiligen Vornamen, ähnlich dem Koljaiczek, unterm Rock befand. Erst als die Uniformen nur noch wippende, langsam im Abend zwischen Telegrafenstangen versaufende Punkte waren, erhob sich meine Großmutter so mühsam, als hätte sie Wurzeln geschlagen und unterbräche nun, Fäden und Erdreich mitziehend, das gerade begonnene Wachstum.

Dem Koljaiczek wurde es kalt, als er auf einmal so ohne Haube klein und breit unter dem Regen lag. Schnell knöpfte er sich jene Hose zu, welche unter den Röcken offen zu tragen, ihm Angst und ein grenzenloses Bedürfnis nach Unterschlupf geboten hatten. Er fingerte eilig, eine allzu rasche Abkühlung seines Kolbens befürchtend, mit den Knöpfen, denn das Wetter war voller herbstlicher Erkältungsgefahren.

Es war meine Großmutter, die noch vier heiße Kartoffeln unter der Asche fand. Drei gab sie dem Koljaiczek, eine gab sie sich selbst und fragte noch, bevor sie zubiß, ob er von der Ziegelei sei, obgleich sie wissen mußte, daß der Koljaiczek sonstwoher aber nicht von den Ziegeln kam. Sie gab dann auch nichts auf seine Antwort, lud ihm den leichteren Korb auf, beugte sich unter dem schwereren, hatte noch eine Hand frei für Krautrechen und Hacke, wehte mit

Korb, Kartoffeln, Rechen und Hacke in ihren vier Röcken in Richtung Bissau-Abbau davon.

Das war nicht Bissau selbst. Das lag mehr Richtung Ramkau. Da ließen sie die Ziegelei links liegen, machten auf den schwarzen Wald zu, in dem Goldkrug lag und dahinter Brenntau. Aber vor dem Wald in einer Kuhle lag Bissau-Abbau. Dorthin folgte meiner Großmutter klein und breit Joseph Koljaiczek, der nicht mehr von den Röcken lassen konnte.

KÄTHE KOLLWITZ

Sommer in Rauschen

Höhepunkt des Jahres waren die Sommerferien in Rauschen. Seit meinem neunten Jahr waren wir alle Sommer dort. Die Eltern machten einmal eine Reise durch das Samland und kamen nach dem Fischerort Rauschen, eine halbe Stunde von der See entfernt. Es waren vor kurzem mehrere Männer des Orts von einem großen Sturm auf See ertrunken. Die Witwe eines solchen, eine Frau Schlick, fanden die Eltern teilnahmslos vor sich hinbrütend auf der Schwelle ihres Hauses sitzen. Dies Haus hatte eine Lage, die die Eltern entzückte. Sie mieteten es erst und kauften es dann der Frau Schlick ab, so aber, daß diese mit ihren beiden Töchtern weiter im Hause wohnte. Der Vater nahm nun ein paar Veränderungen an dem Hause vor, aber es behielt ganz den Charakter des Bauernhauses. Die Fahrt nach Rauschen dauerte fünf Stunden. Eisenbahn gab es nicht, wir fuhren mit einer Journaliere, das war ein großer, mit vier oder fünf Sitzreihen versehener bedeckter Wagen. Die hinteren Sitzreihen waren herausgehoben, und es kam da herein, was man für viele Wochen brauchte: Bettsäcke, Wäsche, Körbe, Bücherkisten, Weinkisten. Welche Wonne, wenn erst die Journaliere vor dem Hause stand, alles aufgeladen war, Mutter, Mädchen, wir Kinder (der Vater kam meist nach) auf den Vordersitzen verstaut waren, der Kutscher sich auf seinen vorderen Extrasitz schwang, die drei, manchmal vier Pferde anzogen und es losging durch die engen Königsberger Straßen, durch das hallende Tragheimer Tor und dann quer durchs ganze Samland. Erst kurz vor Sassau konnte man zum ersten Mal die See sehen. Da standen wir alle auf Zehenspitzen und schrien: Die See, die See! Die See ist mir niemals und nirgends mehr, auch nicht die Ligurische See, auch nicht die Nordsee, das gewesen, was die samländische See war. Diese unaussprechliche Erhabenheit der Sonnen-

untergänge von der hohen Küste aus! Dies Er-
griffensein, wenn man zum ersten Male sie wieder nah sah, den Seeberg runterrannte, Schuh
und Strümpfe auszog und die Füße wieder das
Gefühl des kühlen Seesands hatten! Dieser me-
tallische Schall der Wellen!

Die schwärmerische Seeliebe wuchs, je mehr
man in die empfindsamen Jahre hineinkam.
Aber damals war Rauschen ein unbekannter
Ort, nur aufgesucht von Naturschwärmern, da
war man noch allein bei Sonnenuntergang, war
die Küste unbebaut. Dies Kinderparadies ist
verloren.

Die Mutter blieb mit uns Mädchen bis in den
September draußen, weil wir an keine Schule
gebunden waren. Konrad durfte sich Freunde
für längere Zeit mit rausbringen, wir hatten
manchmal die Lisbeth Kollwitz draußen. Hier
kann ich rasch noch von der Schule sprechen, die
mir keine Freude machte. Großeltern, auch Eltern waren gegen die öffentlichen Schulen, so
hatten wir Mädchen in kleinerem Zirkel Unter-
richt. Mit Julie und besonders Lise ist das wohl
gut geglückt, zu meiner Zeit fand sich ein Zirkel
zusammen, in dem wir Kinder nicht gut lernten.
Die Leiterin war eine lungenkranke Dame; die
Lehrerinnen waren, scheint mir, ohne Qualitä-
ten. Nur den Literaturunterricht hatte ich gern
und Geschichte. Im Rechnen war ich dumm und

in den meisten anderen Fächern wohl auch mehr unintelligent als intelligent. In Rauschen unterrichtete ein Weilchen der Vater mich und Lise in Mathematik, die Lise begriff über Erwarten gut, ich über Erwarten schlecht.

Wofür ich den Eltern immer sehr dankbar gewesen bin, das ist, daß sie Lise und mich stundenlang nachmittags in der Stadt herumstreifen ließen. Auch hier wieder großzügiges Vertrauen und keine Nachspürerei. Nur wünschten die Eltern, daß wir nicht auf Königsgarten promenierten. Königsgarten entsprach etwa der Tauentzienstraße. Wir durften ihn nur überqueren, wenn der Weg so führte. Wir legten ihn meist so. Wir waren auf unsere Weise sehr eitle Dinger, ließen das Halstuch herauswehen und putzten uns zurecht, waren oft albrig und sehr kindisch. Das war der Teil Wegs, der über Königsgarten führte. Dann aber wurde es besser. Erst kauften wir Kirschen oder was es gab, und dann ging das los, was wir Bummeln nannten. Und was auch wirklich so war. Wir bummelten durch die ganze Stadt und zu den Toren heraus, ließen uns über den Pregel setzen und strichen am Hafen herum. Dann standen wir wieder und sahen den Sackträgern zu, dem Auf- und Abladen der Schiffe. Die kleinsten, romantischsten Gäßchen, die unter Torbögen durch kreuz und quer die alte Stadt durchzogen, kannten wir.

Wie oft standen wir, wenn Brücken aufgezogen wurden, am Geländer und sahen zu, wie unten die Dampfer und Kähne durchzogen, sahen auf das Gewirre von Obstkähnen herunter, bummelten durchs Schloß, bummelten am Dom vorbei, bummelten auf die Pregelwiesen heraus. Wir wußten, wo die Witinnen, die Getreideschiffe, lagen mit den Jimkes drauf in Schafspelzen und mit lappenumwickelten Füßen. Dieses scheinbar planlose Bummeln war der künstlerischen Entwicklung sicher förderlich. Wenn meine späteren Arbeiten durch eine ganze Periode nur aus der Arbeiterwelt schöpften, so liegt der Grund dazu in jenen Streifereien durch die enge, arbeiterreiche Handelsstadt. Der Arbeitertypus zog mich, besonders später, mächtig an. Die erste Zeichnung, die ganz deutlich Arbeitertypen hatte, machte ich freilich mit etwa sechzehn Jahren, es war eine Zeichnung aus dem Gedicht «Die Auswanderer» von Freiligrath. Diese Zeichnung legte ich auf Wunsch meines Vaters ein Jahr später meinem Lehrer Stauffer-Bern in Berlin vor, er erkannte sie als so charakteristisch, wie sie tatsächlich für mich und das Milieu, aus dem ich kam, war. – Später, zwischen den Aufenthalten in München und meiner Verheiratung, ging ich bewußt daran, das Arbeiterleben in seinen charakteristischen Situationen wiederzugeben. Mit der Übersiedlung nach Berlin wurde das ganz unterbrochen, weil der Arbeitertyp, wie Berlin ihn bot, ein ganz anderer war. Der Berliner Arbeiter stand auf einem höheren Niveau und war in allen mir sichtbaren Äußerungen künstlerisch nicht verwertbar. Ich habe es später (besonders bei einem Besuch in Hamburg) bedauert, in Königsberg nicht so lange geblieben zu sein, bis ich alles dort herausgeschöpft hatte, was ich hätte herausschöpfen können.

MARION GRÄFIN DÖNHOFF

Ritt durch Masuren

29. September 1941

Als wir aufbrechen, ist wieder alles weiß bereift, und wieder geht die Sonne am wolkenlosen Himmel strahlend auf. Erst gegen 10 Uhr wird es wärmer. Vor uns liegen die riesigen Forsten von Friedrichsfelde, Puppen und Johannisburg, die wir von West nach Ost durchqueren, bald auf den grünbegrasten Gestellen, bald auf kleinen verschwiegenen Sandwegen reitend. Es sind etwa 40 km, die wir auf diese Weise bis Rudzanny zurückzulegen haben.

Bald hinter dem Forstamt überqueren wir die Capacisca, eine viele Kilometer lange moorige Wiese, die sich bis nach Polen hineinzieht. Am Rande stehen ein paar junge Birken, von der Morgensonne beschienen, etwas weiter am Wege liegt ein kleines Förstergehöft, und dann sehen wir durch viele Stunden kein Haus, keine Menschen, nur Wald und immer wieder Wald. Wenn irgendwo ein Hügel aufsteigt, dann reiten wir hinauf und sehen über die unendlichen grünen Flächen, in die das Gold der Birken und das Rot der Eichen hineingewoben ist. Dann und wann zieht ein Raubvogel seine Kreise am blauen Gewölbe, ein paar Tauben streichen flügelschlagend ab.

Gegen Mittag kommen wir bei Kurwien an den Niedersee und wenden uns nunmehr nordwärts, dem eigentlichen Seengebiet zu. Zunächst über Kreuzofen und Rudzanny. Die Orte hier machen den Eindruck typischer Fischerdörfer und haben viel Ähnlichkeit mit der Nehrung. Schön ist der See, aber vor Rudzanny wird es scheußlich belebt, ein harter breiter Kiesweg, Telefonleitungen, schließlich sogar eine Asphaltstraße. Trotz unserem antizivilisatorischen Hochmut ist der Gedanke an ein warmes Mittag stärker als alle Vorurteile, und wir kehren im Kurhaus Niedersee ein, lassen die Pferde auf dem Rasen weiden, und essen, in der Sonne sitzend, ein köstliches Schnitzel, vor uns den langgestreckten blauen Niedersee.

Der weitere Verlauf des Tages stimmt uns etwas bedenklich. Wir haben nämlich beschlossen, den Beldahn-See – da dies der reizvollere Weg zu sein scheint – auf der Ostseite heraufzureiten, und dies wiederum bedeutet, daß wir am Ende des Sees eine Fähre benutzen müssen, um nach Nikolaiken zu gelangen. Ob dieses Beförderungsmittel unseren recht schwierigen Pferden zusagen wird, ist mehr als zweifelhaft. Der See ist etwa 15 km lang – gelingt es nicht, die Pferde auf die Fähre zu bekommen, so bedeutet dies einen Umweg von 30 km, denn unterwegs gibt es keine Bleibe. Aber sei's drum, ein solcher Tag kehrt nie wieder, und der See ist so schön, daß wir uns nicht von ihm trennen mögen.

So wie man manchmal aus dem Zustand träumenden Halbschlafs mit dem Gefühl erwacht, soeben noch gewußt und erfahren zu haben, was der Inhalt des Lebens oder das Wesen der Dinge sei – so schien mir, daß dieser See das Geheimnis aller Seen offenbaren könne. Wie aus einer fernen Sage leuchtet er aus dem feierlichen Dunkel der ihn begrenzenden Fichten hervor – unendlich erhaben über das Kleinmaß menschlichen Lebens und den Ablauf der Geschichte, erhaben auch über die vergängliche Gestalt der Landschaft, die sich in seinem Antlitz spiegelt.

Keiner noch hat ihn zum Untertan machen können, niemandem hat er je Frucht getragen. Er ist sich selbst genug als Zweck und Inhalt und beharrt als letztes, unwandelbares Bild der Urschöpfung in einer Welt, die menschlicher Nützlichkeitssinn immer mehr verunstaltet. Ich verstehe sehr gut, daß es in der chinesischen und auch in der griechischen Philosophie eine Lehre gibt, wonach das Wasser die Ursubstanz aller Stoffe ist. Darum vermochte auch nur der Schöpfer ihm Gestalt zu geben, als er den Wassern befahl, sich zu scheiden. Der Mensch bleibt ihm gegenüber immer nur: Auch-Geschöpf.

Wir reiten langsam im halbverkühlten Sonnenschein des Nachmittags gen Norden, vielfach ohne Weg, entweder unmittelbar am Wasser oder durch den hohen Bestand, der bis an das oft steilabfallende Ufer heranreicht. Die Sonne färbt die Kiefernstämme glühend rot, und läßt das Buchenlaub in allen Schattierungen von leuchtendem Gold bis zum tiefen Kupferton erstrahlen. Unten liegt der blaue See, eingefaßt von einem schmalen Saum lichtgelben Schilfes. Herr Gott, wie schön diese Welt ist – sein könnte ...

Schließlich kommen wir an das Ende dieser langen Landzunge und stehen vor der, sogar uns Angst und Schrecken einflößenden Fähre. Sie ist so klein, daß gerade ein Fuhrwerk darauf paßt, von niedrigen Stangen eingefaßt, gleicht das Ganze einer schwimmenden Kinderboxe. Fürchterlich die Vorstellung, daß, wenn wir erst glücklich auf dem polternden Bretterboden gelandet sein werden, der Motor mit stoßweisem Geknatter angelassen wird. Der Bursche, der dieses Teufelswerk bedient, hat keinerlei Sinn für unsere Sorgen, er grinst nur. Wir beschwören ihn, seinen Motor ja recht leise in Gang zu setzen, er grinst wieder und ist völlig ungerührt. Später stellt sich heraus, daß er kein Deutsch versteht.

Unter großem Geschnaube, Ziehen, Klopfen und Schlagen sind beide Pferde endlich mit einem großen Satz, der sie am anderen Ende beinahe in den See befördert hätte, auf der Fähre gelandet. Vorsichtshalber schnallen wir die Satteltaschen ab, damit wenigstens etwas trocken bleibt. Der junge Mann hat inzwischen den Anker gelichtet und stößt uns mit Hilfe einer langen Stange von dem sicheren, uns so liebgewordenen Ufer ab. Meiner Stute quellen vor Angst fast die Augen aus dem Kopf, und wie gebannt starrt sie auf die sich entfernenden Bäume. Glücklicherweise übersteigt dieser Vorgang ihr Realisierungsvermögen. Der Fuchs springt derweil wie ein Floh bald nach rechts, bald nach links, ohne Sißis beruhigenden Zuspruch zu beherzigen. – Und dann setzt plötzlich mit einer lauten Fehlzündung der Zweitakter ein. Wie eine Höllenmaschine puffend und zischend, versetzt er das ganze Gefährt in eine schaukelnde Bewegung.

All diese Eindrücke auf einmal, das ist zuviel für unsere zartbesaiteten Rösser, sie strecken die Waffen und sind endgültig geschlagen. Zitternd und gottergeben wie die neugeborenen Lämmer stehen sie da mit steifen, vorgeschobenen Vorderbeinen und wagen es nicht mehr, sich zu rühren. Erleichtert erklimmen wir das neugewonnene Ufer, nachdem uns der Jüngling in Summa 85 Pfennig für diese Angstpartie abverlangt hat, eine Forderung, die in keinem Verhältnis zu dem seelischen Aufwand steht.

Über diesem zeitraubenden Manöver ist die Sonne untergegangen, und als wir schließlich in Nikolaiken über die Brücke reiten, liegt der See und die kleine Stadt im letzten Dämmerlicht vor uns.

Der Teufelsbanner

Der Wirt Konopka aus dem Dorfe Ogonken, welches eine halbe Meile östlich von Angerburg gelegen ist, geht eines Abends bei hellem Mondschein aus dem Amte Angerburg, wo er tagsüber

Scharwerksdienste verrichtet hatte, einen Spaten in der Hand, nach Hause. Als er auf seinem Wege in die Nähe eines Berges kommt, sieht er, wie jemand auf einer Art Schlitten wiederholt den Berg aufwärts und abwärts fährt. Er kommt näher und wird gewahr, daß auf dem Schlitten eine alte Frau sitzt und ein Mann den Schlitten schiebt. Nahe herangekommen, fragt er verwundert den Mann, was er hier mache.

Der Mann antwortet: «Ich bin der Teufel. Weil ich einen dummen Streich begangen habe, bin ich verurteilt, hier das alte Weib bis zu ihrem Tode bergauf und bergab zu fahren. Bergab geht's wohl, aber bergauf hab ich's so schwer, daß mir der Schweiß von der Stirne rinnt, wie du siehst. Doch es fällt mir ein, vielleicht könntest du mir helfen! Heute höre ich bald auf zu fahren, weil der Hahn gleich krähen wird; aber künftigen Donnerstag kannst du hier um elf Uhr abends eine tiefe Grube graben, und wenn ich dann mit dem Weibe den Berg herunterkomme, so werf ich sie, wie zufällig, in das Loch, und du kommst und vergräbst sie. Tu das, ich will's dir lohnen.»

Konopka bekreuzt sich und meint, mit dem Teufel wolle er nichts zu tun haben; doch schließlich läßt er sich bereden. Er gräbt die Grube, der Teufel wirft die alte Frau hinein, und Konopka verscharrt sie.

Und nun der Lohn. Der Teufel sagt: «Geld habe ich nicht, aber höre an! Ich werde im Schlosse in Angerburg spuken. Dann kommst du und sagst, daß du mich bannen kannst; dafür verlange hundert Taler. Ich werde dann von dort nach Steinort mich ins Schloß begeben. Dort melde dich auch und verlange für die Bannung vom Grafen zweihundert Taler. Damit mußt du aber schon zufrieden sein und ja nicht weiter versuchen, mich zu vertreiben, wo ich auch sein sollte, sonst kann dir's schlecht gehen.»

Bald darauf heißt es: Im Angerburger Schlosse haust der Teufel, man kann es da nicht mehr aushalten! Konopka meldet sich als Banner und erhält, nachdem er den Teufel vertrieben, hundert Taler. Der Teufel verließ aber das alte Schloß nicht durch die Tür, sondern er stieß eine Ecke der Wand aus und schlüpfte durch die so entstandene Öffnung, und bis heute noch sieht man an einer Ecke des Schlosses eine abgerissene Mauer.

Nach kurzer Zeit spukt es im Schlosse Steinort, und der dortige Graf weiß sich nicht zu raten, nicht zu helfen. Konopka meldet sich bei ihm als Teufelsbanner und erhält, nachdem ihm die Bannung gelungen, zweihundert Taler.

Mit dem gewonnenen Gelde verbessert Konopka seine Wirtschaft und denkt nun ruhig zu leben. Das sollte aber nicht sein. Nach einem

Jahre wird überall bekannt gemacht: im Schlosse zu Berlin spuke der Teufel; es möge sich melden, wer ihn bannen könne. Konopka, eingedenk der Warnung des Teufels, bleibt still. Doch der Graf von Steinort meldet nach Berlin, daß der Bauer Konopka aus Ogonken bei ihm den Teufel vertrieben habe, also auch dort das werde tun können. Sogleich wird Konopka nach Berlin gefordert, und ob er sich auch sträubt, er muß hin.

In Berlin angekommen, wird er sofort ins Schloß geführt und erhält den Auftrag, den Teufel zu bannen. In größter Verzweiflung bittet er um drei Tage Bedenkzeit, die ihm auch bewilligt wird. Überlegend, was zu tun, und das Herz voll Sorge, treibt Konopka sich in den Straßen Berlins umher. Da fällt ihm am dritten Tage eine alte Frau in die Augen, die ganz so aussieht, wie das Weib, welches der Teufel gefahren und er verscharrt hat. «Die ist's, die kann mir helfen!» sagt er bei sich selbst, läßt sich mit der Frau in ein Gespräch ein und fragt sie nach ihrem Namen und ihrer Wohnung.

Getrosten Mutes geht er zum Schlosse und erklärt hier, daß er in der nächsten Nacht den Teufel vertreiben wolle, aber er brauche dabei eine alte Frau, deren Namen und Wohnung er angibt. Die Frau wird herbeigeholt. Konopka trinkt ihr fleißig zu, und die Mitternachtsstunde rückt heran. Als der Teufel sich polternd naht, reißt Konopka schnell die Tür auf und ruft ihm entgegen: «Da hast du dein Weib, ich habe sie nicht vergraben!» Der Teufel erschrickt, fängt an zu zittern und spricht: «Konopka, nimm sie zurück, ich werde auch von hier fortgehen und hier nie mehr spuken!» «Mag es denn sein!» sagt Konopka, und der Teufel verschwindet.

So hatte Konopka den Teufel aus dem Berliner Schlosse vertrieben. Er erhielt zum Lohne sein Grundstück als schuldenfreies Eigentum, auch Abgaben durfte er nicht zahlen. Der Berg aber, an welchem Konopka das alte Weib vergraben, wird seit jener Zeit der Konopka-Berg genannt.

ROBERT JOHANNES

Wir saßen in die Laube

Wir saßen in die Laube,
der Flieder duftet sieß –
ich sprach: «O meine Taube!»
Sie – spickd mir mit die Fieß!

Wir saßen auf einen Haufen Werg,
den Blick gesenkt nach innen;
das macht: sie war aus Kenigsberg,
und ich war aus Gumbinnen.

Wir saßen unterm Rosenstrauch –
ihr Auge spriehte Feier;
ich fragd: «Marieche, liebst mich auch?»
Da sagd se: «Ungeheier!»

Ging ich zu ihr, denn saß se stets,
nichts konnte se erhitzen;
na, sagen Se, was sollt ich tun?
Ich ließ die Marjell sitzen!

HANS HELLMUT KIRST

Das Leben – ein Fest

Wenn es jemals in unserem abgelegenen Dorf
Todfeinde gegeben hat, dann sind das die Bauern Kwass und Pokorny gewesen. Sie haßten
sich, und nur hierin waren sie sich einig, «wie
die Pest». Das aber sollte zu einem der schön-
sten, rauschendsten Feste führen, die es wohl jemals in unserem Lande gegeben hat.

Die Gründe, die zu diesem erklärten Kriegs-
zustand geführt hatten, mögen Außenstehenden
als simpel erscheinen – sie sind das jedoch kei-
nesfalls gewesen. Vielmehr hat es sich dabei um
die Ehre gehandelt, um eine spezifisch ostpreußi-
sche noch dazu, womit wahrlich nicht zu spaßen
war. Tiefste Gefühle waren schwer verletzt
worden, und zwar vorsätzlich; und das schrie
nach Rache. Kwass und Pokorny lechzten gera-
dezu danach.

Der Bauer Kwass hockte im Süden des Dorfes, ein kleiner, gedrungener, spitznäsiger Mann
mit schneller Zunge und flinken Augen. Er be-
wirtschaftete, gemeinsam mit seinem Sohn, der
gemeinhin, und durchaus zutreffend, nur das
«Riesenbaby» genannt wurde, einen stickigen,
sauren Moorboden, der nicht sonderlich viel her-

gab, so daß er sich auf das Züchten von Enten verlegt, die ihm alsbald zur guten Einnahmequelle wurden – denn sie waren vorzüglich im Fleisch und besaßen zugleich einen herben, herzhaften Wildgeschmack.

Der Bauer Pokorny aber thronte im Norden des Dorfes, wo ihm umfangreiche Ländereien gehörten, dazu eine stattliche Herde Milchkühe und ein Schweinebestand, der in die Dutzende ging. So wirkte auch Pokorny selbst – wie eingebettet in füllige Fleischlichkeit, mit blanken Augen und gern gefalteten Händen. Seine nicht minder stattliche Frau stand in dem erstaunlichen Verdacht, Klavier spielen zu können, zumindest pflegte sie regelmäßig illustrierte Zeitungen zu lesen; und seine Tochter war nicht nur von großer Schönheit, sondern auch mit allen möglichen ostpreußischen Hausfrauenfähigkeiten begabt – sie konnte meisterhaft kochen.

So hätte denn Pokorny im Norden der zwar ungekrönte, doch weithin unbestrittene König unseres Dorfes sein können – wenn nicht, im Süden, dieser Kwass existiert haben würde. Denn der, und nur der, erkannte ihn nicht an. Mehr noch als das – der forderte ihn ständig heraus. Und das mit Methoden, die unbegreiflich erscheinen wollten.

Das begann völlig harmlos. König Pokorny hatte den Kärrner Kwass zu sich gebeten, mit der Großzügigkeit eines Mannes, der sich Entgegenkommen leisten kann – er wollte weiter nichts als das uneingeschränkte Jagdrecht auf den südlichen Moorwiesen. Er kredenzte dabei seinen selbstgebrauten Getreideschnaps. Doch Kwass roch lediglich daran, schob dann das Glas von sich und sagte:

«Besseres Wasser! Lauwarm noch dazu!»

Das aber war für Pokorny, nach landesüblichen Maßstäben, eine schwere Beleidigung, war wie ein Schlag ins Gesicht. Er vermochte ihn nicht zu überwinden, versuchte aber dennoch, sich zu beherrschen. Sie trennten sich voneinander wie schnuppernde, bißbereite Hunde. Fortan belauerten sie sich.

Der zweite schwere Schlag fiel dann nur wenige Wochen später, auf dem sommerlichen Schützenfest der Freiwilligen Feuerwehr. Dort pflegte sich Pokorny regelmäßig als Sieger zu präsentieren, nachdem er im voraus zielstrebige Stiftungen gemacht hatte. In diesem Sommer jedoch machte ihm Kwass, der sonst nie ein Gewehr in die Hand nahm, wirksame Konkurrenz – er, nicht Pokorny, wurde Schützenkönig.

«Das», schnaufte hierauf Pokorny, «ist eine Gemeinheit von dir!»

«Ich bin eben der Bessere», sagte Kwass herausfordernd gelassen, «zumindest der bessere Schütze.»

Der dritte, nicht minder schwere Schlag, ließ dann nicht mehr lange auf sich warten. Bereits früh im Winter des gleichen Jahres verirrte sich in unsere Gegend ein Wolf. Und Pokorny begann sofort eine großangelegte Treibjagd zu organisieren, rief alle erreichbaren Männer auf, traktierte sie mit Branntwein und Brühwurst, verstieg sich zu einer Feldherrnrede – und mußte, genau dabei, erleben, daß Kwass herbeigekarrt kam und ihm den erlegten Wolf vor die Füße warf. Wortlos, doch grinsend.

Und damit war das Maß voll. Pokorny fand keine Worte für das, was man ihm anzutun gewagt hatte. Dann aber machte er sozusagen «reinen Tisch» – zumindest versuchte er das. Er erklärte: «Dieser Kerl ist mein geschworener Feind!» Und dann forderte er: «Jetzt muß man sich entscheiden – entweder für ihn oder für mich!»

Doch Pokorny hatte nicht mit der angeborenen Schlauheit seiner ostpreußischen Mitmenschen gerechnet – vermutlich konnte er das auch gar nicht mehr; er hatte sich daran gewöhnt, daß man seine Wünsche wie Befehle entgegennahm. Damit jedoch war er einer nicht unbedenklichen Täuschung erlegen. Denn diejenigen, die er heimlich und bereitwillig für seine Untertanen gehalten hatte, ergaben seinen mächtigen finanziellen und wirtschaftlichen Möglichkeiten, sie schienen sich, den Umständen durchaus angemessen, als kluge Rechner zu erweisen.

Sie sagten sich nämlich: der will was von uns – und scheint es sich sogar einiges kosten lassen zu wollen. Mal sehen: wieviel! Und so meinten sie dann listig: dieser Kwass ist gelegentlich auch uns ein Dorn im Auge; doch eine gewisse Daseinsberechtigung kann selbst ihm wohl keiner absprechen. So müsse, wurde Pokorny versichert und Kwass hinterbracht, zunächst jeder erst einmal zu beweisen versuchen, wo nun, überzeugend, die wirklich wahren Werte vorhanden seien.

Diese freudig ausgebrütete doppelte Herausforderung sollte denn auch alsbald die seltsamsten Blüten treiben. Pokorny und Kwass versuchten sich gegenseitig – angeblich im Dienst an der Gemeinschaft – zu übertreffen: stiftete der eine eine neue Feuerspritze, stiftete der andere drei Schlauchlängen und ein besonders lautstarkes Feuerhorn dazu; ließ der eine für die Schulkinder einen Spielplatz bauen, kaufte ihnen der andere Faust-, Medizin- und Fußbälle; versorgte der eine eigenhändig zwei Heldenwitwen, ließ der andere von ebendenselben, gut bezahlt, versteht sich, eine schöne Kriegervereinsfahne sticken. Und schließlich bauten beide sogar an einem neuen Ehrenmal.

«Du, Pokorny», versicherten seine Mitbürger

wie gerührt, «bist gewiß ein guter Mensch –
aber dieser Kwass gibt sich immerhin auch einige
Mühe.»

«Aber wie lange noch!» rief dann Pokorny,
durchaus zuversichtlich. «Dem geht bald die
Luft aus, wenn der so weitermacht. Der hat jetzt
schon mehr Schulden als Haare auf dem Kopf.
Nicht mehr lange, und der wird vor mir win-
seln. Denn jetzt werde ich mal die Kirche reno-
vieren lassen – und da kann der nicht mithal-
ten.»

Vermutlich wäre es denn auch so und nicht
anders gekommen – mit einem Pokorny hätte
ein Kwass, in rein finanzieller Hinsicht, auf die
Dauer niemals Schritt halten können. Kwass
hatte sich eben auf eine Art Glatteis locken lassen wie ein Esel. Sein Ruin wäre ziemlich sicher
gewesen, wenn sich nicht inzwischen – von allen
unbemerkt – ein Ereignis angebahnt hätte, das
alsbald zu denkwürdigsten Überraschungen
führen sollte.

Denn weder die das Feuer schürenden Dorf-
politiker noch die mächtig amüsierten Mitbürger
und schon gar nicht die verbissen eifrigen
Hauptakteure, Pokorny und Kwass, hatten auf
eine Begegnung geachtet, die anläßlich der Ein-
weihung einer neuen Ehrentafel aus deutschem
Marmor, Stifter also Pokorny, in der Kirche
stattfand – das «Riesenbaby» des Kwass war

auf die prächtige Pokornytochter geprallt. Er hatte sie angestarrt, und sie schlug, blinzelnd, die Augen nieder. Mehr geschah im Augenblick nicht – aber damit war bereits alles geschehen.

Etliche Tage später stolperte dann das «Riesenbaby» über das Prachtkind, das im benachbarten Walde saß, genau an jenem Fußweg, der zu einem der vier Weiher mit den Kwass-Enten führte. Und das «Riesenbaby» blieb, wie angewurzelt, stehen, starrte sie nur an, sagte also lange Zeit nichts, was jedoch Bände sprach.

Schließlich erklärte er mit mächtiger Begeisterung: «Du bist eine Wucht!»

Und die prächtige Pokornytochter sah ihn lächelnd an und sagte: «Kann sein, daß ich in deinen Augen eine Wucht bin – aber was willst du damit anfangen?»

«Alles», entgegnete der wortkarge Riesensohn des Kwass feierlich.

Und damit waren sie verlobt.

Als Pokorny das erfuhr – und es war seine eigene Tochter, die ihn darüber aufklärte –, glaubte er seinen Ohren nicht zu trauen. Kurze Zeit zog er auch in Erwägung, Opfer eines Scherzes, eines denkbar schlechten Scherzes geworden zu sein – doch er erkannte schnell, daß so etwas in Ostpreußen, einem Vater gegenüber, einfach undenkbar war; was aber bedeutete: die Sache war ernst. Er überwand seine Bestürzung und erklärte kategorisch: «Jeden anderen – den nicht!»

«Nur den», sagte die Tochter.

Hierauf durchquerte Pokorny, mit einer Schrotflinte in der Hand, hochrot und schnaufend das Dorf – von Norden bis zum Süden. Vor dem Gasthof machte er vorsorglich Station und brüllte nach Kwass, das jedoch vergeblich – doch immerhin mit dem Erfolg, daß das Dorf in freudige Erwartung geriet und unmittelbar Anteil zu nehmen begehrte. Kwass selbst wartete vor dem Tor seines Hofes – gleichfalls mit einer Schrotflinte in der Hand.

So standen sie denn einander gegenüber, auf zwanzig Schritt Entfernung etwa, und blickten sich grimmig an. Herbeigeeilte Mitbürger, jedoch nur Kinder und Männer, hatten respektvoll Abstand genommen; wußte doch jeder von ihnen, was ein Schußfeld war und wie groß die Streuung einer Schrotflinte. Etliche Frauen lauerten im Hintergrund. Angespannte Stille zunächst.

Dann rief Pokorny bebend zu Kwass hinüber: «Dein Sohn hat seine dreckigen Pfoten nach meiner Tochter ausgestreckt!»

Und Kwass rief verkniffen zurück: «Blöd mag er sein – aber so blöd ja nun auch wieder nicht!»

«Das», schrie Pokorny, «hat mir meine Tochter selbst gesagt!» Diese Eröffnung traf Kwass – dennoch versuchte er, verächtlich aufzulachen.

«Wenn du unbedingt Streit haben willst, brauchst du das nur zu sagen – aber versuche nicht noch einmal zu behaupten, daß mein Sohn seinen Vater hintergeht, noch dazu mit einem Weibsbild, das deine Tochter ist!»

«Schußfeld frei!» schrie Pokorny auf und fuchtelte mit seiner Flinte.

Doch hinter Kwass war inzwischen das «Riesenbaby» aufgetaucht und schritt jetzt gemütvoll-gewichtig, nilpferdhaft, an seinem Vater vorbei, Pokorny entgegen. Genau mitten zwischen diesen blieb er stehen, verschränkte die Hände über der Brust und schien kindhaft zu lächeln.

Dann sagte er zu seinem Vater: «Willst du auf deinen Sohn schießen?»

Und zu Pokorny sagte er: «Willst du auf den Vater deines Enkelkindes schießen?»

Hierauf senkten Kwass und Pokorny die Flinten, starrten den mächtigen Menschen zwischen sich an, gingen dann auf ihn zu, blieben vor ihm stehen. Kwass holte weit aus und verabreichte seinem Sohn eine schallende Ohrfeige.

«Dies als dein Vater», sagte er. Und dann schlug Pokorny zu; es knallte wie ein Schuß. «Dies als dein Schwiegervater», sagte er.

«Dann können wir ja Hochzeit machen», sagte das «Riesenbaby» grinsend.

Das aber war, nach Lage der Dinge, wohl unvermeidlich geworden – beide sahen das denn auch ein; murrend, sogar fluchend, gegenseitige Verwünschungen aussprechend. Doch sie einigten sich alsbald, immer noch mit ihren Schrotflinten im Gelände stehend; sie legten den nächsten besten Hochzeitstermin fest, die Mitgift, die Erbregelung. Alles das geschah ziemlich großzügig, denn sie hatten es eilig, sich wieder aus den Augen zu verlieren. Die angesammelten, auf respektvolle Entfernung zurückgescheuchten Mitbürger vernahmen zwar nichts davon, ahnten jedoch vieles – und sie erkannten mit ihrem sicheren Instinkt: abermals bahnte sich im Dorfe Großes an.

«Die Hochzeit», meinte dann Kwass mit verdächtiger Biederkeit, «werde ich ausrichten – so was kann ich besser als du. Denn bei dir wird man womöglich wieder lauwarmes Wasser als Schnaps vorgesetzt bekommen.»

«Das kommt gar nicht in Frage!» rief Pokorny sofort und entschieden. «Hochzeiten finden grundsätzlich im Hause der Braut statt. Und das eine kann ich dir versichern, Kwass – es wird eine Hochzeit geben, an die noch unsere Kinder und Kindeskinder mit Tränen in den Augen zurückdenken werden.» Was dann auch stimmte.

«Also gut», meinte Kwass, wie nachgebend. «Dann werde ich mich also darauf beschränken, für meinen Sohn einen Polterabend zu veranstalten.»

Was diese Ankündigung zu bedeuten hatte, war Pokorny sofort klar – dieser Kwass würde versuchen, ihm sozusagen den Wind aus den Segeln zu nehmen. Das jedoch, schwor Pokorny sich, vergeblich! Dem würde er es zeigen – und dem ganzen Dorf dazu. Und genau darauf wartete denn auch das ganze Dorf.

Sie verabschiedeten sich, ohne sich die Hand zu reichen. Das stumm danebenstehende «Riesenbaby» wurde keines Blickes gewürdigt, weder vom Vater noch vom Schwiegervater. Aber das war dem nur recht. Des Dorfes verdienstvoller Sohn eilte flugs zum Wald hin, wo er sein prächtiges Marjellchen traf und dann dort das entstehen ließ, was er bereits vorsorglich angekündigt hatte – ein Enkelkind. Und zu dessen zukünftiger Mutter sagte er lediglich, wortkarg wie immer: «Sicher ist sicher!»

Fast zur gleichen Zeit begannen auch die Väter, an ihren Plänen zu schmieden. Jeder gedachte den anderen möglichst wirkungsvoll zu übertreffen. Und die Bürger des Dorfes waren mit Wonne bereit, sich davon überzeugen zu lassen. Sie sollten nicht enttäuscht werden.

Zunächst fand eine Art Arbeitssitzung aller

Vorstände und Führungsgremien der örtlichen Vereine und Verbände statt – sie sollten Organisationspläne erstellen und Vorschläge für die Festgestaltung vortragen. Das war des Kwass Idee gewesen, doch Pokorny übernahm sie unverzüglich, beteiligte sich an den Unkosten, erweiterte diese illustre Gesellschaft durch Bürgermeister, Gemeinderat, Pfarrer, Kirchenvorstand, Amtsvorsteher, Bauernverbandsfunktionäre. Zwar kam bei dieser Veranstaltung nichts weiter heraus als eine große Besäufnis – doch die genügte völlig.

«Da bahnt sich ja allerhand an», sagten einige Frauen, die ihre Männer abschleppten.

Daß dem tatsächlich so war, ließ sich alsbald bei den Kwass-Vorbereitungen zum sogenannten Polterabend erahnen – nichts anderes, nichts Geringeres schien dem vorzuschweben als ein Volksvergnügen größten Ausmaßes. Damit brachte er sich zwar bis an den Rand des Ruins, aber das war ihm vollkommen gleichgültig. Unbedenklich opferte er an die zweihundert seiner fleischhaltigen, nach Wild schmeckenden Moorenten dafür; und dazu drei Stück Rindvieh und fünf Mastschweine. Auch soll er sogar einen Hektar Wald verkauft haben.

Das Ergebnis war denn auch ungewöhnlich. Der Tag des Polterabends begann mit einem Fest für die Kinder – sie hüpften in Säcken, trugen Eier auf Löffeln zielwärts, schnappten nach hängenden Würsten und wurden mit Sahnebonbons randvoll gestopft. Mehr als zehn Prozent aller Teilnehmer soll noch am gleichen Abend, wonnig stöhnend, an herrlicher Magenverstimmung gelitten haben.

«Was – nur zehn Prozent?» fragte der mißtrauisch beobachtende Pokorny mit leicht verächtlichen Untertönen, wobei er jedoch recht angestrengt wirkte.

Am Abend gab es ein Tanzvergnügen im Gasthaus – jeder Mitbürger des Dorfes, sofern erwachsen, war eingeladen. Bier in jeder gewünschten Menge stand zur Verfügung, Schnaps auch. In den Pausen wurden schüsselweise Stärkungen herumgereicht: unterarmlange saftige Fleischwürste, fettblanke Heringe, dickwulstige gebratene Klopse. Zwei vereinigte Blasorchester tönten, daß die Wände zitterten und der Kalk rieselte.

«Ganz schön laut», sagte Pokorny im Ton mühsamer Anerkennung. «Aber ich habe da auch so meine Überraschungen – und das wirst du morgen zugeben müssen, Kwass, wenn du ehrlich bist.»

Pokorny hatte – für den Tag der Hochzeit – alle Quellen angezapft, die überhaupt erreichbar waren. Und nicht nur zwei Blasorchester spielten für ihn, sondern sogar drei; nacheinander. Und die konnten sich ebenso hören wie auch sehen lassen. Das Dorf war voller Blechmusik.

Während der Trauung konzertierte die kirchliche Bläsergemeinschaft des Kreises – ein Posaunenchor; in blauen Anzügen, mit weißen Schillerkragen und eingeübt feierlichen Gesichtern. Auf dem Weg zum Brautvaterhaus geleitete die Feiergäste eine Gruppe Hornbläser in verblichenem Jagdgehilfengrün, doch beachtlich lungenstark – sie ließen fröhliche Weisen erklingen, Volksliedhaftes, Marschähnliches, Halali und Weidmannsheil. Letztgenanntes später dann auch, höchst sinnig, vor den Fenstern des Schlafzimmers des jungen Ehepaares, was aber kaum noch nötig war.

Den musikalisch-stimmungsfördernden Höhepunkt lieferte das von Pokorny verpflichtete Orchester des traditionsbewußten Osteroder Infanteriebataillons. An die dreißig ausgesuchte Mann, unter der persönlichen Leitung eines halbwegs im Offiziersrang befindlichen «Musikmeisters», waren auf ein im Garten aufgebautes Podium plaziert worden. Hier intonierten sie zunächst, während des ersten großen Festmahles – es gab deren drei – Hochkünstlerisches, mit militärischem Fleiß dargeboten, einiges von Rossini, etliches von Strauß und Lehár, dazwischen immer wieder, was sicher gut für die Verdauung war, einheimische Marschmusik.

«Gar nicht schlecht», würgte Kwass hervor. Das feststellen zu müssen, widerstrebte ihm mächtig – doch er stellte es fest. Denn der Ostpreußen ausgeprägter Sinn für Gerechtigkeit beherrschte auch ihn, sogar, wenn es sich um einen Pokorny handelte. Und der wußte das. Die Festgäste wußten das natürlich auch. So ließen sie sich denn niemals völlig ablenken – weder durch die Blasmusik, nicht einmal von den Bratenschüsseln und schon gar nicht durch das Brautpaar – das beachtete kaum einer und ihm war das nur recht. Hauptpersonen waren Pokorny und Kwass, um die allein ging es. Und was auch immer bei dieser entscheidenden Begegnung herausspringen würde, ob nun weitere Todfeindschaft, oder neue Freundschaft fürs Leben – für die lieben Mitbewohner ergab sich eine Fülle von Möglichkeiten; aber eben die galt es rechtzeitig zu erkennen.

Pokorny jedenfalls hatte sich in erhebliche Unkosten, finanzieller und sogar auch geistiger Natur, gestürzt – er hatte organisiert, alle Vorbereitungen persönlich überwacht, hier und dort mit Hand angelegt, nur um Kwass zu einer öffentlich geäußerten Anerkennung zu zwingen. Das allein wäre sein vollkommener Triumph gewesen.

Und dem glaubte er denn auch nahe zu sein. Mal hochrot und schweißglänzend vor Anstrengung, dann wieder fahl, fast grau im Gesicht, oftmals schnaufend, gelegentlich keuchend hustend, dirigierte er die Freßschüsseln herbei und ließ sie vor Kwass aufbauen – die Schweinebraten, Rehrücken und Kalbsköpfe, die goldbraun gebratenen Gänse, Hühner und Tauben, die Aale in Gelee und die Karpfen in Bier, die wonnig bibbernden Sülzen, die handwarmen Kuchen, die schwerduftenden Süßigkeiten.

«Nun ja, nun ja», meinte Kwass, dem das Wasser im Munde zusammenlief, «das ist gewiß nicht wenig.» Er griff nach einem Hühnerflügel und kaute daran; hierauf probierte er die Kruste des Schweinebratens; sodann ließ er ein kindskopfgroßes Stück Sülze in sich hineingleiten, schob zwei Stück Marzipan nach sowie das mildfleischige Mittelstück eines Aales. «Recht beachtlich», mußte er zugestehen.

«Was fehlt denn noch?» wollte Pokorny nahezu erschöpft wissen.

«Der Schnaps», sagte Kwass sachverständig. «ein Schnaps, der einem Fest wie diesem angemessen ist – der aber müßte denkbar hochprozentig sein, kristallklar wie Quellwasser und noch dazu gletscherkalt. Das aber, Pokorny, kannst du nicht schaffen – nicht in dieser Jahreszeit, mitten im Hochsommer.»

«Das», erklärte nunmehr Pokorny, schwer schnaufend, jetzt mit einem Gesicht wie eine rotreife Tomate, und so, als hätte er ein Leben lang lediglich auf diesen Augenblick hingearbeitet, «das kann ich dir bieten – genau das.»

Und nun winkte Pokorny, mit großer Geste, seinen ersten Knecht herbei, der zugleich auch sein wohl einziger Vertrauter war – und der schien auf diesen Wink gelauert zu haben. Und der transportierte herbei: einen waschwannengroßen Eichenholzkübel, der bis zum Rand mit faustgroßen Eisstücken gefüllt war – und mitten darin gelagert: ein halbes Dutzend Flaschen.

Kwass staunte ehrlich. Er sah fast andächtig zu, wie Pokorny diesem klirrenden Eisgewässer eine Flasche entnahm, sie zeremoniell aufkorkte, zwei Gläser füllte – eins davon wurde ihm hingereicht. Und Kwass roch daran – roch schweren Waldesluft, der besagte, daß dieser Schnaps über abgelagerten Wacholder geflossen war. Kwass kostete davon – und er kostete betäubende Schwere, berauschende Schärfe, die jedoch frei von jeder aufdringlichen Genußgewalt war, ungemein wohltuende Hochwinterkälte kam hinzu, der allein es gegeben war, dem Gehirn dampfende Dumpfheit zu ersparen.

Kwass trank sein Glas leer und sagte dann: «Herrlich!»

Und damit war alles gesagt. Pokorny atmete auf, stieß hastige Töne der Befriedigung von sich, füllte des Kwass Glas erneut und blickte dann beglückt und mächtig erregt um sich. Er hatte triumphiert. Und seine Umgebung rief «Hurra!», auch «Bravo!», und auch «Gott sei Dank!» Einer ungemein heiteren Harmonie stand nun nichts mehr im Wege.

So tranken sie dann gemeinsam, speisten sich durch die Stunden, durchtanzten verdauungsfördernd die Nacht, tanzten sogar nach den Klängen des «Deutschlandliedes» einen flotten Schieber, ohne sich irgend etwas dabei zu denken. Sogar ohne jemand zu finden, der ihnen eingeredet hätte, daß sie sich einiges dabei hätten denken müssen – denn Pfarrer und Bürgermeister lagen bereits unter dem Tisch. Ein einzigartiges Fest und niemand, der es störte.

Pokorny und Kwass rückten näher aneinander, nachdem sie die erste Flasche geleert hatten; sie begannen, sich nach der zweiten gemeinsamen Flasche auf die Schultern zu schlagen. Bei der dritten Flasche umarmten sie sich bereits. Die gleichfalls großzügig traktierten Musiksoldaten intonierten gerade das schöne Marschlied von den «Alten Kameraden», als Pokorny, rauschhaft begeistert, mit heißglänzenden Fieberaugen, die vierte Flasche öffnete. Er fegte die normalen Schnapsgläser vom Tisch und zog zwei Wassergläser herbei – und die füllte er bis zum Rand.

Er trank sein Glas in einem Zug leer. Stehend.

Danach, wie salutierend, rief er aus: «Auf unser geliebtes Ostpreußen und seine Menschen!» Worauf er zusammenbrach, wie wenn ein kurzer, heftiger Sturm ihm beide Beine geknickt hätte. Gleich einem gefällten Baum lag er da – und war tot.

«Herrgott!» rief der Kwass leicht taumelnd aus. «Das wird ein Begräbnis werden! So eins hat diese Welt noch nie gesehen – dafür garantiere ich.»

Doch durch die starrende, erstarrte, ungläubige, hilflose, völlig verwirrte Menge der Festgäste, die nun unvermeidlich Trauerfeierteilnehmer geworden waren, schob sich das bisher nahezu unbeachtete «Riesenbaby», stellte sich breitbeinig auf und erklärte, als habe er den Kantschen Imperativ vorzutragen: «Ein Fest von der gleichen Qualität wird diesem folgen – aber erst dann, wenn mein werter Vater dem Vater meiner lieben Frau gefolgt ist. Das wird von mir garantiert.»

Das, so erkannten unsere Dorfbewohner sogleich, war ein Machtwort – und ein ziemlich verbindliches noch dazu. Denn Kwass hatte sich bereits ruiniert; und die Reste des Pokorny-Vermögens gehörten nunmehr dessen Tochter und damit auch deren Mann, also dem Kwass-Sohn. Der allein war in dieser Nacht zur maßgeblichen Persönlichkeit des Dorfes geworden. Und dessen schien er, der bisher Unbeachtete, sich denn auch voll bewußt zu sein. Er legte einen seiner mächtigen Arme auf die wohlgerundeten Schultern seiner Frau und schritt mit ihr davon.

Und so kam es, daß in unserem Dorf – wenn auch zumeist nur sehr still und äußerst heimlich – nichts sehnlicher erwartet wurde als der Tod des Bauern Kwass. Allein sein Dahinscheiden vermochte das Tor zu neuerlichen Festesfreuden voll und ganz zu öffnen.

Menschen sind nun mal so.

«Du warscht lache . . .»

Der Kalluweit kommt zum Doktor Empacher in die Praxis und klagt ihm sein Leiden. Dieser vermutet Diabetes und fragt: «Sind Sie schon mal auf Zucker untersucht worden?» – «Aber nei, Herr Doktor, höchstens mal auf Kaffee und nur an der Jrenz.»

Es ist tiefer Winter. Auf dem Königsberger Fischmarkt ist die ganze Ware gefroren. Einem jungen Madamche gefällt das nicht, und sie moniert, daß alle Fische krumm und schief aussähen. – «Na, Freileinche», erklärt gelassen das

Marktweib, «lejen Se sich mal in dem Frost so nackicht auf'n Tisch, denn werden Se sich auch krimmen und nich lang ausstrecken.»

Das Marjellchen aus Spirokeln hat grad erst in Königsberg eine Stellung angenommen. Zum ersten Mal im Leben geht sie ins Kino.

«Was für einen Platz soll ich Ihnen geben?» fragt die Kassiererin.

«Am liebsten eijnen zwischen zweij Soldaten!» meint errötend das Marjellchen.

Die Köchin setzt dem alten Naujuck, einem Maurer aus dem nächsten Dorf, der manchmal auf dem Gut aushilft, Kohlrouladen vor. Als sie abräumen will, stellt sie verwundert fest, daß der Meister sämtliche Kohlblätter fein säuberlich abgewickelt und auf dem Tellerrand geschichtet hat. – «Nanu», sagt sie, «hat Ihnen der Kohl denn nicht geschmeckt?» – Worauf der Meister sie nachdenklich betrachtet und meint: «Fräuleinche, dem Kummst können Sie sich en andermal sparen. Mich schmeckt der Klops ohne Windeln besser!»

Bei den Kutnigs ist nun schon das Dutzend voll. Ärgerlich sagt Vater Kutnig zu seiner Alten: «Jetzt bleib ich nich mehr unten! Jetzt zieh ich auf die Lucht.» – Darauf sie: «Na, Vater, wenn de meinst, daß das helfen wird, dann mecht ich ja mitkommen.»

Auf dem Wochenmarkt mäkelt eine Käuferin des langen und breiten an den kleinen Eiern rum. Schließlich reißt der Bäuerin der Geduldsfaden. «Na, Madamche, glauben Se vleicht, meine Hienerchens werden sich wegen Ihnen ihre Popochen aufreißen?»

Der Bauer Tüppen ist mit seiner Frau nach Königsberg gefahren. Sie besuchen den «Lohengrin» im Stadttheater. Als Lohengrin vom Schwan Abschied nimmt, fragt Tüppen seine Frau: «Du, wat seggt de Kürassier tom Ganter?»

Fräulein Julchen hat Liebeskummer. Ihr Schwarm hat sich mit einer anderen verlobt. – «Ach, Fräuleinchen», tröstet sie die Waschfrau, die schon seit vielen Jahren ins Haus kommt, «Sie denken, Verheiratetsein is scheen! Jetzt is mein Karl tot, und nu geh ich jeden Sonntag auf den Kirchhof und begieß ihm. Is viel scheener.»

Der alte Plienzat ist kein freundlicher Mann. Zudem redet er nicht gern. – Als er mit dem neuen Knecht einig ist, sagt er zum Schluß: «Fritz, ich red nich viel. Wenn ich so mach» – und er winkte ihm – «dann kommste zu mir.»

«Dann passen wir gut zusammen, Bauer», erklärt Fritz, «wenn ich so mach» – und er schüttelt den Kopf – «dann komm' ich nicht.»

Frieda, die Perle, kommt wieder mal spät nach Hause. Eine Strafpredigt ist fällig. Frieda hört sich ruhig an, was die Madam ihr zu sagen hat. Dann meint sie: «Is ja gut und scheen. Aber Sie haben Ihrem Mann ja auch nich inne Schublade jefunden!»

In Ostpreußen gab es überall, besonders aber auf dem Land viel Kinder. Bei dem Instmann Nomikat ist das Neunte angekommen. Die Lehrersfrau gratuliert, rügt aber doch vorsichtig: «Neun Kinder – ist das nicht ein bißchen viel, Frau Nomikat?» – «Ach, Frau Lehrerche», antwortet der junge Vater seufzend, «womit soll sich sonst e armer Mann de Stub möblieren?»

In einem weltentlegenen Dorf taucht ein Universitätsprofessor auf, der sich an den Gemeindevorsteher mit der Bitte wendet, ihn mit einer möglichst alten Person zusammenzubringen. Er wolle ihren Dialekt untersuchen. – «Die älteste Person in unserem Dorf ist aine jewisse Frau Hirschfeld. Aber ich jlaube nicht, Herr Professor, daß se sich wird vor Ihnen ausziehen!»

JOHANNA SCHOPENHAUER

Chodowiecki zeichnet die Schulstube

Kaum hatte ich das dritte Jahr meines Lebens
zurückgelegt, als ich schon täglich zweimal, vor-
mittags und nachmittags, in eine kaum zweihundert Schritt von meinem elterlichen Hause ent-
fernte Schule auf ein paar Stunden geschickt
wurde.

Kurz wie der Weg war, fehlte doch nicht viel
daran, daß ich nicht eines Tages auf demselben
vom ungewöhnlich tief gefallenen Schnee wie
von einer Lawine verschüttet worden wäre;
Agathe, unser Jungfernmädchen, wie man in
Danzig die Kammermädchen zu nennen pflegte,
Agathe nahm meine kleine ziemlich schwere
Person auf den Arm, weil ich zu Fuße nicht fort
konnte, sie wollte einem hinter uns her jagenden
Schlitten aus dem Wege laufen, glitt aus, fiel auf
die Knie und rutschte mitten in einen vom Win-
de seitwärts an den Häusern zusammengewehten,
mehrere Ellen hohen Schneehaufen hinein,
aus welchem wir alle beide, ich von ihrem Arm
emporgehalten, kaum mit den Köpfen heraussa-
hen. Es war zur Mittagszeit und die Straße daher völlig menschenleer; aufstehen konnte Agathe nicht, solange sie mich auf dem Arme hielt,

die Stimme versagte ihr vor Kälte und Angst. Schon schwanden ihre Kräfte, schon war sie im Begriff, mich sinken zu lassen, Gott weiß, was noch aus uns geworden wäre; da erschien gleich einem rettenden Genius Herr Moser, half uns tapfer schreien und brachte dadurch Leute aus der Nachbarschaft herbei, die uns tätigeren Beistand leisten konnten.

Stillsitzen lernen war alles, was fürs erste von mir gefordert wurde; anfangs protestierte ich sehr laut gegen diese Zumutung, doch niemand kehrte sich daran. Ich mußte den sauren Weg zur Schule gehen und ging schon am zweiten Tag ihn gern, denn außer mir waren noch zwanzig Kinder aus der Nachbarschaft, Knaben und Mädchen, zu dem nämlichen Zweck dort versammelt, von dem ich aber nicht rühmen kann, daß er dadurch sonderlich gefördert worden wäre.

Die düstere Schulstube, mit ihren getäfelten Wänden von durch die Zeit gebräuntem Eichenholz, in der wir dennoch so fröhliche Stunden verlebten, das große, aus mehr als hundert kleinen runden Scheiben zusammengesetzte Fenster stehen noch sehr lebhaft in meiner Erinnerung. In der Ecke dieses Fensters thronte in ihrem geräumigen Sorgstuhl eine uralte Frau mit schneeweißem Haar, in etwas fremdartiger, sehr sauberer, aber einfacher Tracht.

Das Alter hatte ihr Auge mit einem immer dichter werdenden Schleier umwoben, doch ihren heitern Sinn nicht zu umdunkeln vermocht. Deutsch sprach sie wenig und ungern, sie war eine geborne Französin und hatte, als Hugenottin, ihres Glaubens wegen aus ihrem schönen Vaterlande flüchtig werden müssen, aber sowohl die Tracht als Sitten und Sprache des französischen Bürgerstandes beibehalten. Ihr Alter und ihr schwaches Gesicht erlaubten ihr nicht, ihren beiden auch schon ziemlich bejahrten Töchtern in Leitung der Schule beizustehen, aber sie war doch gern mitten unter den Kindern.

Mich hatte sie zu ihrem Liebling erkoren, ich durfte dicht zu ihr hinflüchten, wenn das Getobe der wilden Knaben mir zu arg wurde. Dann nahm sie mich auf den Schoß und sagte allerlei leichte französische Worte und Redensarten mir vor, die ich zu ihrem großen Vergnügen wie ein gelehriger Papagei nachplapperte und zuletzt auch wirklich verstehen lernte.

Der Name dieser Frau wird in der Kunstgeschichte unserer Tage nie untergehen, denn sie war die Mutter des in seinem Fach bis jetzt noch unerreichten Chodowiecki.

Während eines Besuches von einigen Tagen, den er in Danzig bei seiner Mutter ablegte, ließ er auch in unsere Schulstube sich führen; neugierig sah ich, wie der fremde Mann ein Tischchen hin- und herrückte, bis es ihm recht stand. Seine beiden Schwestern, unsere Lehrerinnen, gingen indessen freundlich uns zuredend durch unsere Reihen, versprachen Thorner Pfefferkuchen, Rosinen und Mandeln, die Hülle und Fülle, wenn wir nur ein kurzes Stündchen, so wie wir eben saßen und standen, uns ruhig halten wollten.

Der fremde Mann setzte sich inzwischen an seinen Tisch, legte Papier vor sich hin, packte Bleistifte und andere kleine Gerätschaften aus, sah aufmerksam umher, schrieb etwas, wie es mir schien, sah wieder auf, schrieb wieder, ich hielt mich nicht länger. Ich vergaß Rosinen, Mandeln und Pfefferkuchen und alles; leise, leise, wie ein Kätzchen, schlich ich zwischen und unter Tischen und Stühlen bis zu ihm hin und sah so bittend ihm ins Gesicht, daß er es nicht übers Herz bringen konnte, mich zu verscheuchen. Freundlich nickte er die Erlaubnis mir zu, neben ihm stehen zu bleiben.

Und nun sah ich auf dem kleinen Blättchen die ganze Schulstube vor meinen Augen entstehen; das hatte ich mir nie als möglich gedacht! Der Atem verging mir darüber; ich dachte und empfand nichts als das Glück, dergleichen schaffen zu können. Von diesem Augenblick an ging all mein Wünschen und Trachten auf Zeichnen und Malen aus. Wer mir eine Freude machen wollte, mußte Papier und Bleifedern mir schenken; ein Nürnberger Farbenkästchen versetzte mich auf den höchsten Gipfel des Entzückens.

Und als nun der Künstler am Ende ein ander Blättchen zurechtlegte, mich vor sich hinstellte, zeichnete, ohne daß ich sehen konnte, was er machte, und mir nun das Blättchen hinreichte, um nebst einem Gruße von ihm es meiner Mutter zu bringen. Meine ganze kleine Person, von dem bedormeuseten Köpfchen an bis zu den etwas einwärts stehenden Füßen, war im verkleinerten Maßstabe dargestellt. Es fehlte nicht viel, so wäre ich aus lauter Freude in Tränen ausgebrochen, kaum konnte ich die Zeit erwarten, bis Agathe mich abzuholen kam.

In jener Stunde war die in meiner noch so unentwickelten Kinderseele tief schlummernde Neigung zur bildenden Kunst zum ersten Male erwacht, die mein ganzes langes Leben hindurch mein Trost und meine Freude blieb.

Meine Mutter bewahrte das Bild bei ihren liebsten Schätzen, denn Chodowieckis Name war schon damals berühmt. Leider habe ich selbst späterhin, durch einen unseligen Versuch eben aus jenem Farbekästchen es zu illuminieren, es verdorben.

Die Schulstube hat der Künstler durch den Grabstichel verewigt, wie ich gehört habe; doch muß das Blatt wohl zu seinen seltenen gehören, denn ich habe es nie zu Gesicht bekommen.

OTTFRIED GRAF FINCKENSTEIN

Blonde Schwester Masurens

In meiner Jugend hatte ich eigentlich niemals vorgehabt, sie zu suchen, ich hatte ganz andere Dinge im Kopf, nämlich die weite Welt, diesen herrlichen, buntschillernden Film, von dem wir Deutschen damals nur eine beschränkte Schwarz-Weiß-Kopie kannten.

Aber nach ein paar Jahren kam ich zurück, und da geschah das Wunder . . .

Davon will ich allerdings nicht erzählen, sondern von den Perlchen des Oberlandes, den kleinen Städtchen meiner Heimat, wie sie nun auch immer heißen mögen: Mohrungen, Saalfeld, Pr. Holland oder Osterode. Auch Dt. Eylau gehört zu ihnen, aber es lag bereits hinter der großen Fläche des Geserich-Sees, und dort lebte man etwas anders. Wenigstens meinten die Westpreußen, sie seien weltoffener, leichter, wendiger als ihre östlichen Brüder. Ich glaube, sie hatten recht, denn bisweilen ist solch ein See eine Wetterscheide: Im Osten Lehm und Regen, im Westen Sand und Dürre, da nützt kein Fluchen und kein Beten.

Das Oberland liegt auf der Lehmseite, gleich hinter dem großen Wald, der sich in nordsüdlicher Richtung fast die ganze Westgrenze von Ostpreußen entlangzieht. Es ist ein reiches Land, von den Fehlstellen abgesehen, die es überall gibt. Und es ist ein lustiges Land, mit steilen Hügeln, blanken Seen und einer bunten, mannigfaltigen Flora. Eine lächelnde Landschaft, die blonde Schwester Masurens, aber nicht minder schön. Es ist leicht zu verstehen, daß die Herren aus Mitteldeutschland, die mit dem Orden nach dem Osten gekommen waren, sich von diesem Land heimatlich angesprochen fühlten und daher den Städten, die sie gründeten, Namen aus ihrer Heimat gaben. (Saalfeld, Osterode.)

Sie sind einander sehr ähnlich, diese Städte, eben Perlchen, langsam gewachsen und von gleichem natürlichen Schmelz. Wenn ich eine beschreibe, denke ich auch an die anderen, und ich will nicht behaupten, daß ich eine bestimmte meine oder daß ich von der anderen nicht etwas geborgt hätte. Deshalb ist es vergeblich, meine Perle auf der Karte zu suchen. Alle sind in meiner Erinnerung zu einem gemeinsamen Zauber geworden.

Meine Stadt hat natürlich eine große Ordenskirche und einen, im Verhältnis zu ihrem sonstigen Umfang noch größeren Marktplatz. Die Kirche ist aus rotem Backstein, sie hat ein steiles, sehr hohes Dach. Auch der Turm hat ein

Giebeldach, und abends, wenn die Sonne darauf ihre letzten, rötlichen Strahlen wirft, sieht er aus wie eine Frau, die ein buntes Kopftuch über den Scheitel gelegt hat.

Von dort oben kann man hinübersehen zu den anderen Städten, die natürlich auch solch eine Kirche haben. Der See, der die Stadt wie ein Gürtel umsäumt, denn er bot ja zur Zeit der Gründung den besten Schutz, ist auch keine Absonderlichkeit. Alle diese Städte tragen solch einen Gürtel, der abends, wenn die Nebel aufsteigen, zu einem breiten Schleier wird.

Die Märkte aber sind so groß, damit die vielen Bauernwagen darauf Platz haben können. Früher als das Pferd noch unumschränkt die Wünsche und Sorgen der Landleute versinnbildlichte, wurden die schönen Tiere auf den Märkten im Trab vorgeführt. Auch dazu brauchte man weiten Raum.

Jetzt muß ich aber doch von dem Wunder erzählen, das mich zurück ins Oberland gebracht hatte. Es waren eigentlich viele Wunder, die zusammenwirkten, doch hatten sie einen magnetischen Pol, der sie anzog.

Das Wunder kam aus der Großstadt, es hatte manche Eigenschaften, die dem Oberland fremd waren. An einem Markttage wollte es Obst und Gemüse einkaufen. Der große Platz war umstellt von Ständen, fast alle Güter der Umgegend hatten ihre Gärtner hingeschickt. Die hatten Blumen und Setzlinge vor sich aufgebaut, aber Gemüse?

«Klops ist das beste Rundgemüse!» meint der Ostpreuße. Und die Gärtner sagten: «Gemüse ziehen wir nur für das Schloß.»

Auch Herr Grünke, Kolonial- und Eisenwaren, an der Marktecke, mit der Weinstube und dem Stammtisch, an dem die Auserwählten von Stadt und Land sich einmal in der Woche zu treffen pflegten, hatte kein Gemüse.

«Versuchen Sie es doch einmal beim Hausfrauenverein.»

Der Hausfrauenverein lag in der Hauptstraße. Sagte ich es schon, daß diese Straße die ganze Stadt beherrschte? Von der Höhe des Kirchturms aus gesehen glich sie einer großen Schlange, die gerade ein Kalb verschlungen hatte, nämlich den Markt.

Das Wunder ging also in den Hausfrauenverein. Der hatte nur einen ganz kleinen Laden, so winzig, daß man meinte, die dicke Verkäuferin müsse hinausgehen, wenn außer ihr noch ein Kunde in den beschränkten Raum wollte.

Tatsächlich hier gab es Gemüse.

Das Wunder wählte schnell entschlossen etwas Wirsingkohl, ein wenig Spinat, – damit war die ganze Auswahl bereits erschöpft.

«Salat?»

«Nein, Salat führen wir nicht. Der verwelkt mir bloß hier.»

«Also gut, was macht das?»

Nein, so schnell kam man nicht aus einem Laden. Hier war noch die Gemütlichkeit zu Hause, und man wollte doch auch wissen, mit wem man es zu tun hatte.

«Sie kommen wohl aus Kalitken?» rief die dicke Verkäuferin.

«Nein.»

«Na dann vielleicht aus Terpen?»

«Den Namen kenne ich überhaupt nicht.»

«Da sind Sie wohl nicht von hier?»

«Nein.»

«Na, dacht ich's mir doch. Vielleicht zu Besuch?»

«Ich wohne hier in der Nähe.»

«Dann sind Sie wohl die junge Frau Schmalies?»

«Nein, wirklich nicht.»

«Ich hab doch gleich gedacht, ich kannt Ihnen noch nicht.»

«Ist auch nicht nötig.»

Ach, das Wunder ahnte noch nichts von dem Zauber einer oberländischen Kleinstadt. Nach einem halben Jahr hatte auch sie Zeit, um im Hausfrauenverein alles zu erfahren, was die Gegend in Atem hielt.

Es waren die Neuigkeiten der kleinen Welt,

die man nicht unwichtig nehmen durfte, denn das Bild paßte zu dem Rahmen, in das es gehörte. Das war natürlich der Marktplatz, aber die kleine Stadt hatte nur ein bedingtes Eigenleben, das absterben mußte, wenn es nicht von außen her neue Antriebe erhielt.

Außen, das waren die großen und kleinen Güter, für die unsere Stadt der Umschlagplatz war. Das wußten die Kaufleute sehr genau, die in dem altväterischen Haus am Westrand wohnten, in diesem Haus, das zunächst ganz allein stand, ehe die Baulust der Jahrhundertwende die Villenvorstadt aus der Erde sprießen ließ.

Übel, Klatt & Co., (Getreide, Saaten und Futtermittel) waren sozusagen die Hausärzte der Güter und der Besitzer rund um die kleine Stadt. Sie fühlten ihnen den Puls und wußten es sofort, wo und wann eine Krankheit im Begriff war, sich eines Wirtschaftskörpers zu bemächtigen. Von außen her war das nicht so leicht zu erkennen, denn solch ein Gutsherr trat nicht anders auf als bisher, höchstens daß er sich ein wenig gewollt forsch zeigte.

Das war nicht die Forschheit des alten Herrn von Bledau, den Herr Übel mit seinen achtzig Jahren noch gekannt hatte. Gewiß, auch damals gab es ein großes Hallo in der ganzen Gegend, als Herr von Bledau unerwartet aus Berlin zurückkam und seine Frau in dem Fohlenstall überraschte. Vor allem, als er sie dann auf einem dreckigen Mistwagen zur Bahn fahren ließ ...

Er hätte es auch ein wenig unauffälliger machen können. Immerhin, der Mann war im Recht, und Ordnung muß sein.

Als aber sein Sohn, der mit der strammen Frau, von der man sagte, daß sie die Wirtschaft führe, immer nach der neuesten Mode, wie Frauen das lieben, – als der junge Herr von Bledau also zu Herrn Klatt kam und den Kunstdünger für das Frühjahr bestellen wollte, trat plötzlich der alte Übel hinzu, der sich sonst nicht mehr um das Geschäft kümmerte, und sagte: «Und wie ist das mit der Pennunse?»

Solch eine unverblümte, um nicht zu sagen freche Sprache war Herr von Bledau nicht gewohnt. Er bekam einen roten Kopf und sagte, kaum beherrscht: «Ich gebe Ihnen natürlich Wechsel!»

«Wechselchen können gut sein», antwortete Herr Übel daraufhin und wiegte seinen weißen Kopf, «zäh wie eine Schweinsblase. Aber wenn man zu viel Luft hineinpustet, einmal platzt sie auch.»

«Sie wollen doch nicht damit sagen, daß ...» der forsche Herr im kurzen Pelz fand keine Worte mehr für solche Unverschämtheit.

«Ich habe nur gesprochen von einer Schweinsblase. Ich bin schon ein sehr alter Mann, und ich habe gemeint, zum Guten zu sprechen.»

«Da haben Sie sich aber sehr getäuscht. Ich werde meinen Dünger beim Raiffeisen bestellen . . .»

«Siehste», lächelte Übel, als er mit seinem Kompagnon wieder allein in dem Zimmer mit den gelben Ledermöbeln saß, «der Herr von Bledau hat verstanden. Wenn er klug ist, wird es nicht zu spät sein, wenn nicht . . . sind wir raus!»

Ganz anders benahm sich Herr Übel gegenüber dem Grafen aus Murkeln, der immer mit der geflickten Jacke herumlief, so daß man behauptete, sein Inspektor schäme sich, mit ihm zusammen auf den Markt zu fahren.

«Haste schon gehört, Klatt, was der Preuß mir erzählt hat?» (Preuß hatte die kleine Vulkanisieranstalt schräg gegenüber von Übel, Klatt & Co.) «Kommt der Herr Graf zu ihm und bringt ihm einen Fahrradschlauch, was sag ich Schlauch, bringt er ihm Löcher mit ein bißchen Gummi. Sagt der Herr Graf: Den müssen Sie uns reparieren. Sagt der Preuß: Nehmen Sie einen neuen Schlauch, Herr Graf! Und der Herr Graf: So reich sind wir nicht. Na, die beiden reden hin und her, um die drei Dittchen, die der neue Schlauch mehr kostet. Schließlich gibt der Preuß nach. Meinetwegen, Herr Graf, sagt er, aber warum sagen Sie immer ‹wir›, wenn Sie von dem Schlauch sprechen? Sagt der Herr Graf: Das Rad gehört mir und meiner Frau zusammen. Siehste, Klatt, so einem Mann kannste geben Kredit aufs Wort, das ist echte preußische Art.»

Natürlich gab es in der kleinen Stadt auch eine Garnison, wenn auch nur ein Bataillon Infanterie dort lag. Man liebte die Soldaten, und die Offiziere wurden in der Umgegend zur Jagd eingeladen. Einmal – es ist gar nicht so lange her – wurde das Bataillon von einem sehr hohen Herrn inspiziert. Alles klappte, der hohe Chef fuhr ab, in die nächste kleine Stadt, in der ein besseres Hotel lag.

Abends, während des Essens, äußerte der General zu seiner Umgebung seine Zufriedenheit über das Bataillon. «Aber», meinte er, «was würde wohl geschehen, wenn wir heute nacht noch einmal überraschend hinführen, jetzt, wo die sich auf Nummer Sicher fühlen?»

Er begeisterte sich für diesen Gedanken, und kurz vor Mitternacht rollten die Wagen durch das schlafende Land. Auch die kleine Stadt schlummerte friedlich, das Nachtleben war schon vor zwei Stunden ins Bett gegangen. Aber an dem Schlagbaum zu der Kaserne stand das Offizierskorps geschlossen, Hand am Helm, und der Kommandeur meldete, als ob der hohe Besuch eine Selbstverständlichkeit wäre.

«Sehr schön ... meine Herren, aber woher wußten Sie ...»

Der Kommandeur meinte, das Bataillon müßte Tag und Nacht alarmbereit sein.

«Sie wollen mir doch nicht einreden, daß Sie jede Nacht hier stehen und auf eine Überraschung warten?»

«Zu Befehl nein, immerhin ...»

«Also raus mit der Sprache, ich werde Ihren Abwehrdienst nicht verraten.»

Hin und Her. Endlich kam es heraus. Der Ober, der beim Abendessen bediente, hatte angerufen ...

So hielt man hier zusammen.

Natürlich blieben solche erregenden Erlebnisse nicht geheim. Man besprach sie beim Einkauf, und der Besitzer der Adler-Drogerie, der wendige Herr Kindscher, wetteiferte mit der Verkäuferin des Hausfrauenvereins um die Aktualität der Nachrichten. Bisweilen lief Frau Bruskat beiden den Rang ab, denn die Gattin des Klempnermeisters bezog die Neuigkeiten von ihrem Mann aus erster Quelle, sozusagen an jeder geplatzten Rohrleitung. Auch Herr Neumann, der Schlachtermeister, erfuhr viel auf seinen Rundfahrten, was seine kräftige Frau dann weitergab, während sie das Fleisch auf dem Haublock zerkleinerte. Eine rüstige Frau, die Frau Neumann. Sie hatte nur zehn Tage ausgesetzt, als ihre letzte Tochter geboren wurde, vorher und nachher ließ sie das Beil in das blutige Fleisch sausen.

Der kleine Brunnenbauer, der ihr schräg gegenüber wohnte, dort wo die letzten Reste der Stadtmauer erhalten waren und alte Holunderbäume aus den Trümmern wucherten, nahte sich dieser großen, lebensschäumenden Frau immer mit einer schlecht verhohlenen Angst. Das war ein schwaches, kränkelndes Männchen, den allein seine Zähigkeit aufrecht erhielt, eine unkrauthafte Zähigkeit, die typisch war für die Menschen dieses Landstrichs. Der Arzt war häufig bei ihm, und es ist wohl nicht wahr, was man sich erzählte, daß die beiden alten Männer zusammenkamen, um heimlich zu trinken.

Dieser Arzt war auch eine Eigentümlichkeit der kleinen Stadt, die noch Platz hatte für Originale. Er war nicht einmal Doktor, sondern nur praktischer Arzt und Geburtshelfer. Das schadete seinem Ansehen nichts, ebensowenig wie seine eigenartige Ausdrucksweise. Er gebrauchte gern kräftige Ausdrücke und sprach mit Vorliebe von «Durchmarsch». Dabei hatte er eine zarte Seele, deren Schwingungen er in Musik ausklingen ließ, wenn er abends allein in seinem großen Zimmer am Flügel saß. Hinter seiner Einsamkeit stand wohl eine menschliche Tragödie, denn er hatte früher eine Frau gehabt, die noch irgendwo leben sollte. Aber genau weiß ich es nicht, denn die kleine Stadt hüllte sich über dies Ereignis in Stillschweigen.

Darum lebte es sich wohl so gemütlich in und um diese kleinen Städte des Oberlandes, weil ihre Menschen gutartig waren wie die Landschaft, weil ihre Neugierde ohne Bosheit war und weil der Klatsch Halt machte vor dem, was dem Menschen heilig sein sollte.

Eine Welt für sich, meine kleine Stadt, eine Perle in der Muschel ihrer Umgebung, die sie ernährte. Ein Wunder auch für den, der nicht selbst von einem Wunder verzaubert war.

Ostpreußen und die berühmten Leute

«Mein teurer Freund!» schrieb im Juli 1739 Friedrich der Große an Voltaire, «nach einer Reise von drei Wochen sind wir endlich in einem Land angekommen, das ich als das Nonplusultra der zivilisierten Welt ansehe. Diese Provinz kann als eine Schöpfung des Königs, meines Vaters, gelten.

Sie wurde zu Anfang des Jahrhunderts von der Pest verwüstet; mehr als 300 000 Einwohner wurden von der Seuche und dem Elend dahingerafft. Der Hof wußte wenig von dem Unglück des Volkes. Er leistete einer reichen und fruchtbaren Provinz, die an Menschen und in allen Arten von Erzeugnissen Überfluß hatte, keine Hilfe. Die blühendste unserer Provinzen war zur schrecklichsten Einöde geworden.

Dann starb Friedrich I. Mein Vater, der ihm in der Regierung folgte, wurde durch das allgemeine Unglück gerührt. Mit eigenen Augen sah er in dem weiten verheerten Land alle die schrecklichen Spuren, welche die Seuche, die Hungersnot und der schmutzige Geiz der Minister hinterlassen hatten. Zwölf bis fünfzehn entvölkerte Städte, vier- bis fünfhundert unbewohnte, unbebaute Dörfer boten ihm einen trostlosen Anblick. Aber er ließ sich dadurch nicht abschrecken, vielmehr beschloß er, dem zur Wüstenei gewordenen Land wieder Menschen und Handel und Wandel zu geben.

Er erließ weise Verordnungen, baute alles auf, was durch die Pest verfallen war, und ließ aus allen Teilen Europas Tausende von Familien kommen. Die Felder wurden bestellt, das Land bevölkerte sich wieder, der Handel blühte von neuem auf, und jetzt herrscht in dieser fruchtbaren Gegend mehr Überfluß als je zuvor.»

Ein Verehrer hatte Hamann, dem berühmten «Magus des Nordens», einen Rehrücken geschenkt, den dieser, gemeinsam mit einem Freund genießen wollte. Der Bratenduft zog schon durchs Haus, da tauchte ein Bekannter auf, der Miene machte, mit von der Partie zu sein. – Hamann aber wollte sich im Genuß nicht stören lassen. Er zog also den ungebetenen Gast zur Seite und flüsterte ihm zu, daß es heute um ein Experiment gehe. «Die Tungusen», erklärte er dem Magister, «lieben bekanntlich Hundebraten. Wir Deutschen dagegen schätzen solchen nicht. Auch mein Freund teilt diese Abneigung. Nun will ich ihm beweisen, wie ausgezeichnet ein Hundebraten schmeckt. Verraten Sie nichts, er glaubt, daß ich ihm einen Rehbraten vorsetzen werde. Erst nach dem Essen soll er die Wahrheit erfahren. Bleiben Sie und teilen Sie unser Mahl.» – «Das ist sehr interessant, wirklich sehr interessant», stammelte der so freundlich Geladene, «aber leider kann ich heute nicht bleiben. Ich wollte nur im Vorbeigehen mich nach Ihrem Befinden erkundigen.» – Kaum hatte er geendet, war er schon verschwunden. Die beiden Freunde konnten in Ruhe ihren Rehrücken verzehren.

Kant, der gerne und gut aß, hatte einst als Tischnachbarn einen Herrn mit üblen Manieren. Rücksichtslos pfefferte er den Salat, der für sie beide bestimmt war, mit der Erklärung, daß er so was Grünes gar zu gerne mit viel Pfeffer esse. – «So hat jeder Mensch seine Eigenheiten», stimmte Kant zu. «Mir zum Beispiel ist Pfeffer widerwärtig. Ich bevorzuge beim Speisen den Tabak», und gelassen schüttete er den Inhalt seines Schnupftabakbeutels über den grünen Salat.

Kant war trotz seiner körperlichen Zartheit ein tapferer und mutiger Mann. Als eines Tages ein Amok laufender Metzger mit geschwungenem Messer auf den Philosophen zustürzte, sah ihm dieser unerschrocken in die Augen und fragte, ob denn heute Schlachttag sei. – Der Wahnsinnige stutzte, schlug sich vor den Kopf und ließ Kant unbehelligt vorbei.

In einem geselligen Kreis erzählte man sich hübsche Geschichten von einem berühmten Mann. – Kant bemerkte, daß es ihm vorkäme, als habe er gleiche und ähnliche Histörchen auch schon von andern berühmten Männern gehört. Doch das erstaune ihn nicht: ein großer Mann sei wie ein Kirchturm und um einen solchen striche der Wind.

E. Th. A. Hoffmann studierte 1791 in Königsberg, besuchte aber nie eine Vorlesung Kants, obwohl er den Philosophen verehrte. – «Weiß

Gott», erklärte er später Ludwig Devrient, «ich beherrsche ja immerhin vier Fremdsprachen: Lateinisch, Französisch, Englisch, Polnisch. Das Kantische aber noch zu erlernen, war mir zu schwierig . . .»

Durch Gumbinnen fließt die Pissa, ein Name, der empfindlichen Seelen ein Greuel war. Eines Tages richteten darum die Stadtväter ein Gesuch an König Friedrich Wilhelm IV. und baten um die Gnade, «Pissa» abändern zu dürfen. Der König schrieb an den Rand des Gesuchs: «Genehmigt! Mein Vorschlag: Urinoko!»

Arthur Schopenhauer wählte als Testamentsvollstrecker seinen Freund Dr. Wilhelm Gwinner. Dieser fragte, ob er die Sektion seiner Leiche gestatten wolle. Darauf Schopenhauer: «Nein – sie haben vorher nichts gewußt, sie sollen auch hinterher nichts wissen.»

Sehr zum Mißfallen der Direktion des Königsberger Stadttheaters pflegte der berühmte Unzelmann bei seinem Spiel zum Vergnügen des Publikums kräftig (und kritisch) zu improvisieren. Man bat ihn, das zu unterlassen. Er hielt sich an das Gebot, doch als in einem Stück ein Pferd auf der Bühne erschien und sich dort sofort recht ungeziemlich benahm, das heißt ein

Häufchen Roßäpfel fallen ließ, wandte sich Unzelmann rasch um und rief dem Pferd zu: «Hat dir die Direktion nicht auch verboten zu improvisieren?» – Das Publikum freute sich – und die Direktion schwieg grollend.

Eduard Albrecht, ein berühmter Jurist der Königsberger Universität, schrieb über die «Gewere», ein Begriff des älteren deutschen Sachenrechts, der nichts mit dem «Gewehr» zu tun hat. – Der erste Käufer dieses Werkes war aber – das Militärkasino in Königsberg.

PAUL WEGENER

«Urherrscherdasein»

Wir fünf Geschwister sind alle in Arnoldsdorf in Westpreußen geboren. Ich am 11. Dezember 1874. Mein Vater hatte aber Arnoldsdorf zur Zeit meiner Geburt schon wieder verkauft und ein großes Rittergut in Ostpreußen, Bischdorf im Kreise Rössel, erworben. So erblickte ich wohl für alle Beteiligten recht zur Unzeit das Licht der Welt, als ein elendes Bübchen mit wenig Aussicht, in diesem Jammertal wirklich festen Fuß zu fassen Als es endlich so weit war, daß meine Mutter mit dem Neugeborenen dem Vater nach Bischdorf nachreisen sollte, gab der Arzt den wohlgemeinten Rat, meinen Tod sozusagen lieber in Arnoldsdorf abzuwarten, da ich eine Winterreise bestimmt nicht überstehen würde. Nun, ich habe sie überstanden und noch manches dazu. Ich war sechs Wochen, als wir von Arnoldsdorf wegzogen. Eisenbahnen gab es damals in jenen Gegenden noch nicht. Bei hohem Schnee und strenger Kälte wurde die Familie in einem großen Planschlitten nach dem kleinen Städtchen Briesen befördert, wo bei einem jüdischen Krämer, der mit Korn handelte, Station gemacht wurde. Kornschütten lagen in allen Stuben. Wir wurden alle krank.

Bischdorf, in den Chroniken zum ersten Male im 14. Jahrhundert erwähnt, war im 16. und 17. Sommersitz der ermländischen Fürstbischöfe von Rössel, die in den ungeheuren Eichen- und Buchenwäldern, in denen damals noch Bären und Wölfe hausten, ihre Jagden abhielten. Im 18. Jahrhundert hatte es als Landgestüt Bedeutung gewonnen und ganz Ermland mit hervorragendem Zuchtmaterial versorgt. Später gab die preußische Regierung die Domäne von 2400 Morgen in Erbpacht aus und veräußerte sie schließlich als Gut. Seit 1843 saß hier Herr von Kurowski. Von ihm kaufte 1874 mein Vater.

Das «Schloß», so hieß es, sei 1807 durch die Franzosen abgebrannt. Unser Wohnhaus war ehemals als Pächterhaus erbaut worden und jedenfalls ein recht phantastisches Gutshaus. Der schmale, enge Keller mündete auf einen Brunnen, der der tiefste in ganz Ostpreußen sein sollte. An den feuchten Wänden erkannte man noch die Umrisse vermauerter Türen, die zu unterirdischen Gängen geführt hatten. Um den Park mit seinen wundervollen Lindenalleen zog sich ein tiefer Festungsgraben. Eine Klosterglocke aus dem 17. Jahrhundert hing auf dem Dach des Nebenhauses und läutete die Arbeit und die Mittagspause für die Leute ein.

Mein Vater hat Bischdorf wohl hauptsächlich erworben, um eine großzügig geplante Entwässerung des Zainsees vorzunehmen, der einen Teil dieser Besitzung ausmachte. Der See war versumpft, und die ganze Gegend durch das stehende Wasser ungesund geworden. Aber man hatte den Mut verloren, immer wieder Geld in die recht schwierige Entwässerung zu stecken. Es reizte den Unternehmungsgeist meines Vaters, die Sache zu Ende zu führen, und die Lösung gelang ihm schließlich.

Am Haus befand sich eine kleine Veranda, vor der sich ein großer Rasenplatz sanft abfallend dehnte bis zu der großen Allee von riesigen uralten ungeschorenen Linden, die in der Mitte einen weiten Durchblick auf die Felder und den See freiließen. Es war ein schöner Wohnsitz und für uns Kinder ein Paradies. Ich war der Jüngste von fünf Geschwistern, drei Mädchen und zwei Jungen.

Meine Mutter starb, bevor ich drei Jahre alt war. Ich erinnere mich noch dunkel an sie als eine gütige stille Frau, die fast immer in einer Art Krankenstuhl saß. Sie war ihren fünf Rangen kaum gewachsen.

Mein Vater hatte eine wundervolle Art, sich nicht um mich zu kümmern. So war ich herrlich allein. Ein Riesenpark von vierundzwanzig Morgen mit vielen Alleen und Rasenstücken, ein Boot und von frühauf ein Pony mein Reich; mein Leben ein sehr vielfarbiges und durch die Phantasie seltsam belebtes. Ich wurde im Park ausgesetzt und mit einer großen alten Schlittenglocke zu den Mahlzeiten wie ein kleines Tier herangeläutet. Meine älteste Schwester säuberte mich dann von der schlimmsten Schmutzkruste. Sie überlieferte mir mein damaliges Bild: eine Lederschürze über meinem Kittel, Stulpstiefel, die vorne mit Blech beschlagen waren, damit sie nicht so schnell kaputtgingen, ein Taschentuch, das mit einem langen Band an der Hosentasche festgenäht war, damit es nicht verlorenging – so streifte ich herum.

Dieses seltsame Urherrscherdasein wurde bald

durch die beginnende Erziehung beeinträchtigt. Im Anfang war eine Erzieherin für die Schwestern im Hause, bei der auch ich das erste Schreiben, Lesen und Rechnen lernte. Ich war recht unaufmerksam und hörte am liebsten meiner Schwester Else beim Auswendiglernen zu. Oft wurde ich hinausgeschmissen und mußte vor der Tür stehen, aber das Stubenmädchen, das mich sehr liebte, stellte mir heimlich einen Stuhl hin. Später bekam ich selbst einen Hauslehrer, der meine Geschicke in die Hand nahm. Er hieß Fleischer und war ein lebendiger und loyaler Mann. Jedenfalls brauchte ich mich nicht allzusehr auf ihn umzustellen, er ging auf mich ein. Wir galten als geistiges Haus in der Gegend immer für etwas «verrückt». Mein Vater, der wohl unter den ostpreußischen Landwirten ein phantastischer Outsider war, rezitierte uns Kindern gern die Faust-Monologe – Darbietungen, die mich immer erregten und begeisterten, zumal wenn mein älterer Bruder mit Grabesstimme dem Faust als Erdgeist erschien. Gelegentlich wurden auch Balladen aufgeführt. Ein Familienmitglied deklamierte z. B. den Erlkönig, während Friedrich mit mir im Arm, der das ängstliche Kind darstellte, rittlings auf einem Stuhl durch das Moor ritt und die Schwestern als Erlkönigs Töchter verführerisch drum herumtanzten.

Als ich dann größer wurde, durfte ich teilnehmen, wenn der Vater mit uns Stücke mit verteilten Rollen las, oder wir Kinder eigene Aufführungen veranstalteten. Einmal – ich war acht Jahre alt – hängte ich mir ein Bettlaken um und deklamierte den Abschiedsmonolog der Maria Stuart, den ich von meiner Schwester Else gehört hatte. Zuletzt schnaubte ich mir die Nase und rief auf ostpreußisch: «Lebt alle herzlich wohl – denn jetzt werde ich geköpft!» Ein anderes Mal sollte ich in Dornröschen den Prinzen spielen. Zur allgemeinen Überraschung ging ich auf das ruhende Dornröschen zu und näselte wie ein preußischer Leutnant: «Äh – da werde ich mir erstmal ein süßes Küßchen stehlen!» Meine Schwestern erinnerten sich auch noch, wie ich einmal bei den Großen stille Heiterkeit erregte, als ich im griechischen Gewande, aus dem altmodische Schnabelschuhe hervorsahen, und mit einem Goldreif in meinem kurzen Haar, als «Zeit» dastand und deklamierte: «Ich bin die Zeit, die schnell enteilt...» Dies die ersten Male, daß ich mich produzierte.

Noch ehe ich zur Schule kam, machte ich meine ersten Gedichte, die mir nachmittags bei der Kaffeetafel noch lange – meistens mit spöttischem Unterton – von meinen Schwestern vordeklamiert wurden.

Schon in früher Jugend fand der Hang zur

Phantasiewelt der Literatur, des Theaters und der Kunst mancherlei Nahrung. In dem größten Zimmer unseres Hauses, dem sogenannten «Saal», stand der «Kunsttisch», von dem wir in Ermangelung von Bilderbüchern wertvolle Kunstbücher zum Besehen herunternehmen durften. So wurden wir zum Beispiel frühzeitig mit den Bildern der Dresdener Galerie vertraut.

Das Schönste aber blieb doch das Leben im Freien. Mein Vater ging viel auf die Jagd, und es war meine größte Freude, ihn zu begleiten. In der Nähe des Hauses lag ein Teich, wo wir ein Badehäuschen hatten und an der Leine vom Vater schwimmen lernten. Auch für das Eislaufen hatte er eine radikale Unterrichtsmethode. Wir wurden mit Schlittschuhen auf die Mitte des Teiches gestellt und mußten sehen, wie wir weiterkamen. So erlernte ich zwei Sportarten, die ich mein Leben lang begeistert ausgeübt habe.

Selbstverständlich lebten wir in enger Berührung mit der Tierwelt des Gutshofes. Wir hatten unsere eigene kleine Menagerie. Große Aufregung gab es, als uns eines Tages zwei junge Schleiereulen ins Haus gebracht wurden, die man in einem Nest auf dem Speicher gefunden hatte. Solche jungen Eulen sehen recht schauerlich aus mit ihren großen Glotzaugen und ihrem fast kahlen Körper. Die ganze Familie war von glühendem Interesse für diese gespensterhaften

Wesen, denen unser Vater, als sie einzugehen drohten, Rotwein verordnete. Eines der Tiere starb, das andere überstand die Kur und wurde vollkommen zahm. Ich saß einmal mit einem Freunde zusammen, und wir überlegten, welches wohl das seltsamste Erlebnis war, das wir in unserer Jugend hatten. Der Freund hatte seine Großmutter auf dem Rücken schwimmen sehen, aber ich übertrumpfte ihn, ich hatte einem Eulenbaby Rotwein eingeflößt.

AGNES MIEGEL

Das Bad am Samstagabend

Es ist noch keine drei Menschenalter her, da las der Fremde, der in Berlin einfuhr – und nicht nur in der Reichshauptstadt, auch in vielen anderen Städten –, mit Riesenbuchstaben an die grauen Häuserwände geschrieben: «Jedem Deutschen wöchentlich sein Bad!» Was der Ausländer dabei dachte, hat er (neben verschiedenen anderen Dingen) uns jedenfalls nicht erzählt! Uns selbst erschien es damals ein bißchen seltsam, so breit und groß geschrieben – aber wir fanden diesen Pflichtbefehl der Sauberkeit doch

sehr lobenswert und wert, von Berufenen ernsthaft erörtert zu werden. So wurde er denn wohl
die erste Ursache zum Bau vieler Volksbrause-
bäder und zur Einrichtung zahlloser Badestuben
in allen Städten und allen Häusern, die alle, die
dort baden, so hinnehmen, als müßte das so sein,
wenn sie den Staub ihres Erdendaseins allmor-
gendlich oder allabendlich darin abspülen. Sie
wissen es nicht, wie es war, als jene Schrift auf
die Häuserwände gemalt wurde, um sich dem
Bewußtsein ihrer Großeltern einzuhämmern.
Und sie wissen ganz bestimmt nicht, wie es damit noch bei ihren Urgroßeltern bestellt war.

Mit Nasenrümpfen oder Lachen zieht diese
Jugend in Tiefurt und Sanssouci an den Möbeln
vorbei, die man Waschtische nannte, an den
Kännchen und Schüsselchen – Wunderwerken
der Manufakturen von Berlin und Meißen, in
die Voltaire und die Göchhausen ihre Finger-
spitzen tauchten (wenn sie es nicht vorzogen, sie
nur mit etwas Kölnischem Wasser oder Laven-
delspiritus abzureiben)! «Sie werden doch hoffentlich mal gründlich gebadet haben!» sagte ein
entrüsteter bildhübscher Lockenkopf neben mir
sehr nachdrücklich. Ja, aber wo? Ahnst du, kleine Anmut, die von früh bis spät den Nickelkran
mit «heiß» aufdrehen kann, um die Hände zu
bürsten, ehe die Polierplatte über die sanft ge-
wärmten rosigen Nägel gleitet – ahnst du, was

es heißt, wenn jeder Becher zum Trinken, jede Schüssel zum Waschen oder Aufwaschen, jeder Kessel voll zum Kochen an der klirrenden Pede vom Brunnen her eimerweis treppauf geschleppt wurde? Das Trinkwasser womöglich stundenweit in schwerem irdenen oder kupfernen Krug aus einem Brunnen oder «Spring», der auf Meilen der einzige ganz unverseuchte war an heißen Sommertagen?

Aber du ahnst auch nicht, wie köstlich so ein Trunk dann schmeckte, weißt nicht, wie das Wasser schwappte und glänzte unterm hellen Holzkreuz, das darauf im Eimer schaukelte! Und wenn du in deiner weißen Kachelwanne plätscherst mit jenem feierlichen Ernst, mit dem der Stadtmensch die Obliegenheiten der Körperpflege betreibt – dann weißt du nicht, was unsere Badefeste bedeuteten!

Natürlich war es Sonnabend! Und die ganze Wohnung, das ganze Haus strahlte vor Sauberkeit und Aufgeräumtheit, roch nach grüner Seife, nach Erdöl, nach frischer Luft – ruhte schon aus von dem Lärm und der Mühe der arbeitssauren Woche. Auf dem Stuhl am Bett hing schon die reine Wäsche zum Sonntagmorgen, die Sonntagskleider lagen bereit, bei den Eltern schon Kirchgangsanzug und Gesangbuch. In der Küche wurde der Sonntagsbraten gespickt, man durfte bei der süßen Speise helfen,

Gelatine brocken und Schnee schlagen – man durfte die Schüssel auskratzen und hatte schon vorher den Kuchenrührer abschrapen dürfen. Man war in Vorfreude und Feierstimmung – aber man fühlte sich noch nicht ganz würdig des Sonntags, man war nicht so rein wie Diele und Tisch und Handtuch, man spürte den alten Adam noch überall. Da war es herrlich zu sehen, wie die Abendsuppe beiseite geschoben wurde und der große eiserne Kessel aufs Feuer kam – dem mit Kienholz, das unterm Herd schön getrocknet war und die Küche mit Tannenduft erfüllte, und mit braunem Torf gut zugeredet wurde! Dann stieg der Dampf in den schwarzen Herdmantel, der Deckel klapperte, die Wanne wurde hergeholt – und endlich plätscherte das Wasser drin. Der Seifennapf, die große Striegelbürste, alles stand schon auf dem Schemel, das große Badelaken hing am Ofen – und im Ofen brutzelten die Äpfel, die man nachher zur Bewärmung für Hände und Magen bekam, wenn man spritzend, glührot und kreischend vor Vergnügen aus der Wanne kletterte. Das war nicht so einfach. Denn meist stand sie auf einer Eichenbank und sah dem hölzernen Zuber, der «Tine» aus der Waschküche, schwesterlich ähnlich. Später war sie dann schon aus Zink, aber ungefüg und grau, kalt und froschartig beim Anfassen, nicht behaglich-wärmlich wie das

Holz. Wir waren aber stolz auf unsere Wannen, denn Tanten und Großmütter erzählten uns noch, wie sie auf dem Land in Guts- und Pfarrhäusern in der Tonne gebadet wurden: die Kleinsten zuerst, für sie wurde eine Fußbank hineingestellt, wenn sie gut eingeseift hineingehoben wurden. Da standen sie dann, warm und mollig bis an den Hals geborgen in der glucksenden Feuchte, starrten in den Wasserqualm, der um die schaukelnde Öllampe zog, und genossen dumpf und glücklich Urweltgefühle.

Eigentlich beneideten wir sie ein bißchen um die Tonne – aber es war doch auch sehr schön hier in unserer Wanne. Wenn man sehr bat, wurde mit dem Stüppel aus dem Kessel heißes Wasser nachgegossen, man rutschte ans andere Ende der Wanne, zog die Knie hoch und kreischte, was man konnte, ehe man vorsichtig mit dem großen Zeh in den Golfstrom vorstieß. Es galt als ein Zeichen großen Muts, zuerst ganz in die neue Wärme zu tauchen, und wer's tat, war der Bewunderung der anderen Partei sicher. Denn man badete fast nie allein, so verschwenderisch wurde mit dem heißen Wasser nicht umgegangen, eine Wanne für sich allein war das Vorrecht der Alten oder Säuglinge – Geschwister wurden zusammen abgestaukt, zuzeiten auch jugendliche Gäste. Immer wieder habe ich von alten Leuten gehört, wenn über berühmte Menschen geredet wurde, daß sie mit diesen zusammen von gemeinsamen Tanten in ihrer Kinderzeit abgebadet worden seien! Das war ein frohes Sonderfest, das keinem schadete, sondern nur körperlich nützte – es war eine Sache der Sauberkeit und der Freude! Vergnügen erfüllte Küche und Schlafstube, eine frohe Geschäftigkeit, arbeitsvoll noch wie die eben ausebbende Woche, aber schon mit Sonntagsbehagen erfüllt – nur ohne seine Feierlichkeit. Mutter und Mädchen liefen hin und her, reichten sich die Seife zu, die Bürsten, die Laken, schrubbten und rieben, spülten und gossen, Tanten rannten hin und her mit Wärmkruken, mit wollenen und seidenen Tüchern, Großmamas hielten kleine Zudecken an die milde Wärme blanker Ofenkacheln oder ließen einen Apfel, einen Pfefferkuchen unter kleine buntverschnürte Kopfkissen gleiten, Vater, Großvater und Onkel tauchten zuzeiten, tabakumwölkt, an der äußersten Gesichtslinie auf und wurden unter lachendem Widerspruch fortgeschickt.

Ein Duft von Mandelöl und Kamillen schwebte mit Rauch und Wasserdunst durch die Wärme, es war herrlich, einmal ein Stückchen marmorierter Speckseife oder gar von der Rosenseife zu erwischen, die Lina und Minna Sonnabendmittag vom Gewürzkrämer als Zugabe erhielten, die so himmlisch roch, wenn man einen kleinen eigenen Schaum damit fertigbrachte und sich die Backen damit einrieb! Es brannte heftig, und nachher glänzte man wie mit Schwarte eingerieben, man sah es an der funkelnden roten Nasenspitze, wenn man die Augen einkniff. Das tat man schon unfreiwillig, denn die Seife brannte einem fast die Lider entzwei, wenn man zuletzt noch mit dem Kopf untergeduckt wurde, um prustend aufzuschnellen, gerade zupaß, um einen stärkend kühlen Wasserguß, kaltes Salzwasser oder lauen Kamillentee, abzukriegen. Beides galt als gut für den Haarwuchs und wurde energisch verrieben, bis man laut schrie. Der Kamillentee sollte ewige Blondheit erhalten, das Salzwasser galt (verstärkt durch vorheriges Einreiben mit Palmöl) als bekömmlicher für Dunkelhaarige. Wo man Wert auf Locken legte, wurde nachher eine Vier-Zipfelkappe aus seidenen Halstüchern aufgesetzt – die Glatthaarigen bekamen ebensolche Nachthauben aus gewöhnlichen leinenen Schnupftüchern. Man saß dann in den Betten wie eine Galerie gehörnter Schrättchen. Wenn es draußen sehr kalt war und der Ostwind trotz letzten Nachlegens im Ofen doch schon durch die Wände zog – dann wurde noch ein dickes Tuch umgeknotet. Es war wie zu einer Schlittenfahrt. Dann gab's heiße Milch und Bratäpfel und vielleicht noch eine Pfeffernuß, die der

Weihnachtsmann aus dem Sack verloren hatte, als er vorbeifuhr – und dann kam das Abendgebet. Es war sehr mühsam und hatte gerade am Sonnabend besondere Fußangeln. Denn die Augen scheuerten heut sehr und fielen schon vorm Amen zu.

Da lag man denn und hörte draußen noch die Mädchen plätschern und rumoren beim Reinigen der Wanne und Aufwischen der Küche. Sie platschten auch noch selber beim Füßewaschen und sangen leise dazu von der schönen Dorothee, die der Wassermann freite, oder vom Christinchen, die den Schwan fliegen sah, «dorthin wo Freude ist». Es klang so leis und geheimnisvoll, das Herz zog sich ein bißchen zusammen wie zu Weihnachten. Draußen schlug der Schnee an die Scheiben, der Wind wimmerte im Ofen. Hier lag man so durchglüht und nach Rosen, Mandeln und Kamillen duftend, so ganz und gar sauber und weich und schneeweiß bekleidet und bezogen, so wie nur ein ganz, ganz artiges Kind liegt. War man ungezogen gewesen in dieser Woche, faul, widerspenstig? Ach, man konnte sich auf nichts besinnen in dieser äußeren Makellosigkeit – alles hatte das Wasser fortgespült. Nichts war geblieben als eine kleine Selbstzufriedenheit, eine sanfte Bescheidenheit, sehr viel halbbewußte gute Vorsätze – und eine selige Gewißheit von einem strahlenden Baum mit vielen bunten Lichtern, sehr vielen bunten Ketten, blanken Körbchen, lutschbonbongefüllt, Schokoladenherzchen, silbernen Tannenzapfen, goldenen Nüssen, purpurroten Äpfeln – und einem goldbeflügelten Wachsengelchen an der Spitze, rosenrot und nackt, das wohlwollend segnende Ärmchen über frischgebadete Kinder breitet!

GERTRUD PAPENDICK

Fleck, Schmand und Marzipan

Am Rande meines Schulweges einst in Königsberg pries Tag für Tag und Jahr um Jahr ein Schild über dem Kellerzugang eines Hauses am Roßgärter Markt «Delikate Rinderfleck» an. Damals verband ich damit die Vorstellung von etwas Geheimnisvollem und zugleich Grauenvollem: *Rinderfleck*, das war doch nichts anderes als ein Kaldaunengericht!

Heute weiß ich es besser. Diese wahrhaft köstliche Speise aus gehackten Rindermagen und -gedärmen, die nach langwierigen Waschungen in einem feierlichen Ritus von sechs bis acht Stunden Dauer zur Vollendung gebracht wird, ist allen zünftigen Genießern Inbegriff und Symbol. Jedes Jahr an einem ausgewählten Tage wird sie an festlicher Tafel auf Hamburger Boden einer großen Runde alter Königsberger als Erinnerungsmahl gereicht. Und so soll es auch noch anderenorts geschehen ... Neben solcher erhabenen Wucht sind die weltweit bekannten *Königsberger Klopse* nur ein alltägliches Hausgericht.

Die alte Stadt und ihre Menschen liebten ein herzhaftes Essen, es entsprach der östlichen Lage, dem Klima und der Wesensart. Es gab gewisse Stoffe, die nahezu immer mit dazugehörten, wie etwa der Speck und vor allem die saure Sahne.

In meiner Erinnerung klingt noch heute ein dumpfer Laut wie ein Weckruf aus der morgenfrühen Gasse meiner Kindheit herauf: «Schmoan!» Das war der Milchwagenruf, und er bedeutete «Schmand»! Nichts ohne *Schmand* in Königsberg. Die saure Sahne vor allem war die Hauptsache beim Rehrücken, beim Hasen, bei den jungen Hühnern, beim Kopfsalat und Gurkensalat, beim speckgespickten gebackenen Hecht – bei allem eigentlich, was nach Gewicht und Gehalt verlangte. Der Schmand gehörte zum *Beetenbartsch*, der Roten-Rüben-Suppe, (die mit Rindfleisch gekocht, mit Salz, Zucker und Essig gewürzt wurde), ebenso zur *Sauer-*

ampfersuppe, in deren fette grüne Fülle dann noch die hartgekochten Eier rollten. Eine mächtige Terrine ward bis an den Rand gefüllt und regelrecht leergegessen. Angesichts dieser beiden Suppen, die im Wechsel nur allzuoft auf den häuslichen Tisch kamen, pflegten wir uns als Kinder allerdings heimlich zu schütteln, und sicherlich erging es dem heranwachsenden Geschlecht auch sonst straßab, straßauf nicht viel anders. Die Väter jedoch schwelgten im Genuß, es war ihnen vor den Bewohnern anderer Landstriche eigen, daß sie das Fette liebten, das Schwere und das Saure, das auch noch kräftig gesüßt sein mußte. Sie erzogen die nachfolgende Generation im guten, bewährten Brauch. Es gab für uns keinen Pardon: Die Kinder hatten zu essen, was auf den Tisch kam! Auch die süßsaure Sauce mit Schmandkeilchen zu grauen Erbsen und die saure Grütze, Gänseklein mit Hafergrütze und Essig zusammengebraut, waren solche tränenreichen Gerichte, die man überwinden und erlernen mußte, um sie dann um so heftiger zu lieben.

Es war der Meinung aller Kinder nach unerhört, wozu man die Gänse, diese stolzesten Vögel der heimatlichen Feste, mißbrauchte! Hinter dem herrlichen Weihnachtsbraten lauerte dunkel und drohend das *Schwarzsauer.* Es erschien wie ein Gemisch aus der Hexenküche, in der feindliche Mächte die verschiedenartigsten und seltsamsten Stoffe zusammentaten. Gekröse, das Wort allein rief schon die Vorstellung von etwas Fragwürdigem wach, dazu kam Backobst (getrocknete Äpfel, Birnen und Pflaumen), Zitronenschale, Zucker, Gewürze und Essig, aber als eigentliche Zutat der Hölle ein gehöriger Schuß Gänseblut. Obenauf wurden dann unschuldige Mehlklöße gelagert, und das Ganze wurde in tiefer Schüssel als ein richtiges Hexenmahl in den dunklen Tagen des Jahres serviert. Heute erscheint es in der Ferne der Zeit als ein Gericht der Sage.

Jede Jahreszeit hatte die ihr eigenen Küchenerzeugnisse, sie waren schwer und erhitzend im Winter und pflegten mit der ansteigenden Sonne allmählich leichter, duftiger und farbenlichter zu werden.

Die erste Ahnung des kommenden Frühlings zog in das sehnsuchtsvolle Herz, wenn gegen Ende März in einer bestimmten Königsberger Weinstube der erste *Ostseelachs mit holländischer Sauce* auf der Speisekarte erschien. Wer weiß, ob man die Sauce in ihrem Herkunftsland so verführerisch zu bereiten verstand! Ihre Hauptbestandteile waren reine Butter, Eigelb, Zitrone und Schmand, und sie hatte so steif zu sein, daß der Löffel darin stand.

Der Fischfang ging auf, die Königsberger

Fischbrücke gewann ihr duftendes, zappelndes, zeterndes Leben. Die singenden Stimmen der Fischfrauen füllten die Straßen mit ihrem vertrauten Lied: «Hei Broatfesch, hei Botterfesch!» *Kaulbarssuppe mit saurer Sahne* und nebenher vielen heimtückischen kleinen Gräten war ein richtiges Frühlingsmahl.

Im Sommer am Strand aber aßen wir *geräucherte Flundern*. Sie waren so recht unsere Fische, denn wir halfen die Boote auf den Strand ziehen, wenn die Fischer vom Fang zurückkamen, wir standen oben im Sand und leisteten beim Räuchern Beistand, indem wir zugleich mit der Seeluft den wallenden Dunst begierig in unsere Lungen sogen. Die Frauen saßen hinterher mit ihren Körben voll goldbrauner Ware auf der großen Plattform, über die der Strom der Strandgäste abends zum Bahnhof floß: «Flundere – we köpt Flundere?»

Sommer und Sonne und Hitze, ein ordentlicher Badehunger und das Verlangen nach Kühlung: da ging nichts über *Schmand und Glumse*. Ein Suppenteller voll Quark, reichlich mit saurer Sahne übergossen und ein Stück Schwarzbrot dazu, war das beste Gericht für einen solchen Tag. Mehr brauchte man nicht. Wenn man heute daran denkt, man möchte es gleich noch einmal probieren. Man möchte noch einmal den Weg durch den Wald bis zu den stillen Wassern machen, wo in dem alten Forsthaus von Schwendlund im Angesicht des Haffes dies die zünftige Speise war.

Schmand und Glumse, darin war Kraft und Frische und etwas vom Frohsinn und von der Gesundheit der Jugend. In diesem Namen klingt die ganze Sprachgewalt der heimatlichen Erde mit.

Das große Mysterium des Königsberger Winters aber, das jedes Jahr um Weihnachten seine magische Kraft entfaltete, wird niemals untergehen in den Herzen aller derer, die von dort, von der Stätte ihres Ursprunges her, vor nun schon mehr als zehn Jahren in die Fremde gewandert sind. In den Tagen des kürzesten Sonnenweges unmittelbar vorm Fest wurde in allen Häusern der Stadt, in Wohnungen groß und klein, in der Beletage wie im Keller und unterm Dach das feierlichste Werk des Jahres geschaffen.

Die Arbeit am Marzipan einte die ganze Familie in einem häuslichen Frieden, wie er in diesem Maße sonst vielleicht das ganze Jahr über nicht zu spüren war. Auch die Allerkleinsten, die kaum mit der Nase über die Tischplatte reichten, waren mit dabei und mühten sich an der ihnen geopferten Materialmenge auf ihre eigene, etwas anfechtbare Weise. Man darf nicht einfach sagen: Marzipan ist eine süße Masse aus Mandeln, Puderzucker und Rosenwasser. Nein, er ist viel,

viel mehr. *Königsberger Marzipan* ist etwas Besonderes und Einmaliges, keinem anderen, ähnlichen Stoffe vergleichbar. Man muß sein Geheimnis kennen und darf es zugleich nicht verraten. Nur soviel sei gesagt: es kommt auf die Zusammensetzung an, auf die rechte Stunde und auf die rechte Kunstfertigkeit, die vielleicht unerlernbar ist. Die Kinder Königsbergs wurden damit geboren.

Ob als Teekonfekt geformt oder zu Herzen, Kreisen und Blattformen ausgestochen, die hinterher gefüllt wurden – der eigentliche Akt daran war das Überbacken im feurigen Ofen. Darin bestand die Prüfung auf Meisterschaft. Jahr um Jahr wurden überall die Platten und Bretter mit den zarten, frischen, leicht angebräunten Stücken im Keller oder auf dem Boden im Kalten verwahrt. Dem Marzipan bekam es am besten, wenn draußen ein rechter Christfrost klirrte. Vor dem Fest wurde nichts angerührt. Wenn dann seine Stunde gekommen war, krönte der Marzipan die bunten Teller, und man aß ihn am brennenden Baum in Andacht und Stille, voll Hochgenuß und Beglückung, umschlossen von der feierlichen Atmosphäre dieser Tage, in denen er seine Bestimmung erfüllte: Marzipan, Marci panis, ein heiliges Brot, das Weihnachts-Manna unserer unvergessenen Stadt.

SIEGFRIED LENZ

Eine Liebesgeschichte aus Masuren

Joseph Waldemar Gritzan, ein großer, schweigsamer Holzfäller, wurde heimgesucht von der Liebe. Und zwar hatte er nicht bloß so ein mageres Pfeilchen im Rücken sitzen, sondern gleichsam seiner Branche angemessen, eine ausgewachsene Rundaxt. Empfangen hatte er diese Axt in dem Augenblick, als er Katharina Knack, ein ausnehmend gesundes, rosiges Mädchen, beim Spülen der Wäsche zu Gesicht bekam. Sie hatte auf ihren ansehnlichen Knien am Flüßchen gelegen, den Körper gebeugt, ein paar Härchen im roten Gesicht, während ihre beträchtlichen Arme herrlich mit der Wäsche hantierten. In diesem Augenblick, wie gesagt, ging Joseph Gritzan vorbei, und ehe er sich's versah, hatte er auch schon die Wunde im Rücken.

Demgemäß ging er nicht in den Wald, sondern fand sich, etwa um fünf Uhr morgens, beim Pfarrer von Suleyken ein, trommelte den Mann Gottes aus seinem Bett und sagte: «Mir ist es», sagte er, «Herr Pastor, in den Sinn gekommen, zu heiraten. Deshalb möchte ich bitten um einen Taufschein.»

Der Pastor, aus mildem Traum geschreckt, be

sah sich den Joseph Gritzan ziemlich ungnädig und sagte: «Mein Sohn, wenn dich die Liebe schon nicht schlafen läßt, dann nimm zumindest Rücksicht auf andere Menschen. Komm später wieder, nach dem Frühstück. Aber wenn du Zeit hast, kannst du mir ein bißchen den Garten umgraben. Der Spaten steht im Stall.»

Der Holzfäller sah einmal rasch zum Stall hinüber und sprach: «Wenn der Garten umgegraben ist, darf ich dann bitten um den Taufschein?»

«Es wird alles genehmigt wie eh und je», sagte der Pfarrer und empfahl sich.

Joseph Gritzan, beglückt über solche Auskunft, begann dergestalt den Spaten zu gebrauchen, daß der Garten schon nach kurzer Zeit umgegraben war. Dann zog er, nach Rücksprache mit dem Pfarrer, den Schweinen Drahtringe durch die Nasen, melkte eine Kuh, erntete zwei Johannisbeerbüsche ab, schlachtete eine Gans und hackte einen Berg Brennholz. Als er sich gerade daran machte, den Schuppen auszubessern, rief der Pfarrer ihn zu sich, füllte den Taufschein aus und übergab ihn mit sanften Ermahnungen Joseph Waldemar Gritzan. Na, der faltete das Dokument mit umständlicher Sorgfalt zusammen, wickelte es in eine Seite des Masuren-Kalenders und verwahrte es irgendwie in der weitläufigen Gegend seiner Brust. Bedankte sich natürlich, wie man erwartet hat, und machte sich auf zu der Stelle am Flüßchen, wo die liebliche Axt Amors ihn getroffen hatte.

Katharina Knack, sie wußte noch nichts von seinem Zustand, und ebensowenig wußte sie, was alles er bereits in die heimlichen Wege geleitet hatte. Sie kniete singend am Flüßchen, walkte und knetete die Wäsche und erlaubte sich in kurzen Pausen, ihr gesundes Gesicht zu betrachten, was im Flüßchen möglich war.

Joseph umfing die rosige Gestalt – mit den Blicken, versteht sich –, rang ziemlich nach Luft, schluckte und würgte ein Weilchen, und nachdem er sich ausgeschluckt hatte, ging er an die Klattkä, das ist: ein Steg, heran. Er hatte sich heftig und lange überlegt, welche Worte er sprechen sollte, und als er jetzt neben ihr stand, sprach er so: «Rutsch zur Seite.»

Das war, ohne Zweifel, ein unmißverständlicher Satz. Katharina machte ihm denn auch schnell Platz auf der Klattkä, und er setzte sich, ohne ein weiteres Wort, neben sie. Sie saßen so – wie lange mag es gewesen sein? – ein halbes Stündchen vielleicht und schwiegen sich gehörig aneinander heran. Sie betrachteten das Flüßchen, das jenseitige Waldufer, sahen zu, wie kleine Gringel in den Grund stießen und kleine Schlammwolken emporrissen, und zuweilen verfolgten sie auch das Treiben der Enten. Plötzlich

aber sprach Joseph Gritzan: «Bald sind die **Erd-**
beeren soweit. Und schon gar nicht zu reden von
den Blaubeeren im Wald.»

Das Mädchen, unvorbereitet auf seine Rede,
schrak zusammen und antwortete: «Ja.»

So, und jetzt saßen sie stumm wie Hühner
nebeneinander, äugten über die Wiese, äugten
zum Wald hinüber, guckten manchmal auch in
die Sonne oder kratzten sich am Fuß oder am
Hals.

Dann, nach angemessener Weile, erfolgte
wieder etwas Ungewöhnliches: Joseph Gritzan
langte in die Tasche, zog etwas Eingewickeltes
heraus und sprach zu dem Mädchen Katharina
Knack: «Willst», sprach er, «Lakritz?»

Sie nickte, und der Holzfäller wickelte zwei
Lakritzstangen aus, gab ihr eine und sah zu,
wie sie aß und lutschte. Es schien ihr gut zu
schmecken. Sie wurde übermütig – wenn auch
nicht so, daß sie zu reden begonnen hätte –, ließ
ihre Beine ins Wasser baumeln, machte kleine
Wellen und sah hin und wieder in sein Gesicht.
Er zog sich nicht die Schuhe aus.

Soweit nahm alles einen ordnungsgemäßen
Verlauf. Aber auf einmal – wie es zu gehen
pflegt in solchen Lagen – rief die alte Guschke,
trat vors Häuschen und rief: «Katinka, wo
bleibt die Wäsch'!»

Worauf das Mädchen verdattert aufsprang,

den Eimer anfaßte und mir nichts dir nichts, als ob die Lakritzstange gar nichts gewesen wäre, verschwinden wollte. Doch, Gott sei Dank, hatte Joseph Gritzan das weitläufige Gelände seiner Brust bereits durchforscht, hatte auch schon den Taufschein zur Hand, packte ihn sorgsam aus und winkte das Mädchen noch einmal zu sich heran.

«Kannst», sprach er, «lesen?»

Sie nickte hastig.

Er reichte ihr den Taufschein und erhob sich. Er beobachtete, während sie las, ihr Gesicht und zitterte am ganzen Körper.

«Katinka!» schrie die alte Guschke, «Katinka, haben die Enten die Wäsch' gefressen?»

«Lies zu Ende», sagte der Holzfäller drohend. Er versperrte ihr, weiß Gott, schon den Weg, dieser Mensch.

Katharina Knack vertiefte sich immer mehr in den Taufschein, vergaß Welt und Wäsche und stand da, sagen wir mal: wie ein träumendes Kälbchen, so stand sie da.

«Die Wäsch', die Wäsch'», keifte die alte Guschke von neuem.

«Lies zu Ende», drohte Joseph Gritzan, und er war so erregt, daß er sich nicht einmal wunderte über seine Geschwätzigkeit.

Plötzlich schoß die alte Guschke zwischen den Stachelbeeren hervor, ein geschwindes, üppiges

Weib, schoß hervor und heran, trat ganz dicht neben Katharina Knack und rief: «Die Wäsch', Katinka!» Und mit einem tatarischen Blick auf den Holzfäller: «Hier geht vor die Wäsch', Cholera!»

O Wunder der Liebe, insbesondere der masurischen; das Mädchen, das träumende, rosige, hob seinen Kopf, zeigte der alten Guschke den Taufschein und sprach: «Es ist», sprach es, «besiegelt und beschlossen. Was für ein schöner Taufschein! Ich werde heiraten.»

Die alte Guschke, sie war zuerst wie vor den Kopf getreten, aber dann lachte sie und sprach: «Nein, nein», sprach sie, «was die Wäsch' alles mit sich bringt! Beim Einweichen haben wir noch nichts gewußt. Und beim Plätten ist es schon soweit.»

Währenddessen hatte Joseph Gritzan wiederum etwas aus seiner Tasche gezogen, hielt es dem Mädchen hin und sagte: «Willst noch Lakritz?»

HERMANN BINK

Bleib bloß zivilistisch!

(Brief einer Königsberger Hausgehilfin)

Liebes Marieche!

Wie Du weißt, bin ich bei feine Herrschaft hier untergekommen und hab jedem Sonntag frei. Wenn Du aber was inne Großstadt bedeuten willst, mußt alle forschen Schmisser haben, wie bei uns zu Haus! Aber bei uns zu Haus kamen bloß zu Ostern und Fingsten Soldaten auf Urlaub, aber hier sind sie wie Sand am Meer. Was haben wir nich alles hier: Grenadiere, Musketiere, Kannoniere, Pijeniere, Luftschiffer und Reiters.

Marieche, Du weißt, für die Reiterei hab ich all immer geschwärmt und hab mir hier einen vonne Kürassiere angekramt. Weißt, das sind die Lanzenstecher und haben einen langen Säbel, nich so wie die Schaschkes vonne Infanterie, die bloß einen kurzen haben tun. Na ja, um auf den Kürassier wieder zurückzukommen. Ich war rein doll und dammlich auf ihm und könnt nachts kaum schlafen, so hab ich immer an ihm denken müssen.

Einem Sonntag hold er mir ab und wir gingen scherbeln. Er ließ mir auch nich auße Flicker und ich ihm auch nich. Inne Tanzpausen kaufd er immer einem Likörche nach dem andern. Und dabei war es so heiß und wir gingen denn mal im Garten zum Abkühlen. Aber wurd nuscht nich. Der Kerdel nahm mir innem Arm und hat mir gedrückt, daß mir die Luft wechblieb. Und küssen konnt der, na, ich sag bloß. Da sind unsre Schweizer und Gespannknechts zu Haus die reinsten Weisenknaben. Mir wurd immer ganz anders, abers ich behielt noch meinen Verstand, auch wenn er noch so zudringlich wurd!

Na und beis Nachhausebringen erst! Es wurd immer doller und als es all zu doll wurd, fragd ich, ob er mir auch heiraten würd. Weißt, da hat mir son Krät einfach ausgelacht und ließ mir allein im Hausflur stehen. Und denn war auch wieder die Besinnung da! Ich hab dem lorbaßchen Krät nachdem nochmals getroffen, aber er macht so, als ob ich ihm nich kennen tat.

Marieche, nu hab ich genug vonne Reiterei und überhaupt von das Soldatentum, ich geh wieder mang die Zivilisten, Birger bleibt doch Birger. Und Marieche, weshalb ich Dir das schreiben tu, das soll eine Warnung sein, wenn welche auf Urlaub kommen mit das bunte Tuch, sieh Dir vor und bleibe zivilistisch, damit Du keinem unterliegen tust! In diesem Sinne grißt Dir und alle Bekannte

Deine vielerfahrne Freundin Amanda.

SIEGFRIED VON VEGESACK

Baltische Weihnacht

Wenn die Wintermorgen immer dunkler wurden, Kerzen und Öllämpchen durch das finstere
Haus flackerten und der alte Juckur, der Ofenheizer, wie ein Gespenst auf bloßen Füßen den
endlosen Korridor entlang schlich, ungeheure
Birkenscheite ablud und die Flammen schürte,
daß es durch das ganze Haus prasselte – dann
war Weihnachten nicht mehr fern.

Überall wurde am Abend getuschelt und geflüstert, plötzlich eine Tür verschlossen oder ein
rätselhaftes, schwerverpacktes Ungetüm lautlos
im Dunkeln vorübergetragen. Das ganze Haus
roch nach Pfefferkuchen, nach Sirup, Marzipan
und gelben Safrankringeln. Karlomchen eilte mit
hochroten Backen und klapperndem Schlüsselbund zwischen Schafferei und Backzimmer hin
und her, gab Mandeln, Rosinen und Korinthen
aus und prüfte den Sirup, ob er schon zähe Fäden zog.

Im Saal aber, um den großen runden Tisch,
wurden kleine Tannenzapfen und Walnüsse mit
Schaumpapier vergoldet, große bunte Kugeln
mit neuen Schnürchen versehen, gelbe Wachskerzen in die Baumleuchter hineingedreht, Ketten

aus Goldpapier gekleistert und köstliche Rosen aus buntem Seidenpapier geschnitten und mit einem klebrigen Bonbon in der Mitte zusammengeschnürt – diese waren für den «Leutebaum» in der Gesindestube bestimmt.

Und dann kam die Dämmerstunde, wenn man mit plattgedrückter Nase an der Fensterscheibe hockte und zum Wald hinausspähte – «ob sie schon kommen?» Es wurde dunkler und dunkler. Schon stolperte der alte Indrik mit einer Laterne über den Hof zum Viehstall – da plötzlich tauchte ein Pferderücken aus dem Schnee, und etwas kam schwer über den hartgefrorenen Weg geschleift: ein ungeheurer schwarzer Baum rauschte am Fenster vorüber, und Vater und die Brüder gingen wie Gespenster hinterher. Dann wurde die große Haustür aus den Angeln gehoben, ein schneidender Wind wehte bis in den Saal herein, es wurde an Strikken gezogen, gehämmert und mit dem Beil geschlagen, dann ein Ruck, und der Riesenbaum stand da, dunkel und eiskalt, als wäre der Wald selbst in das Haus eingebrochen.

Am anderen Morgen, wenn die breiten Zweige allmählich auftauten und sich senkten, Eis- und Schnee-Klumpen auf das Parkett niedertropften und der ganze Saal nach Harz und Tannennadeln duftete – dann begann das Schmücken. Auf Stühlen und auf Leitern drang man in das Dickicht der Äste, hing die goldenen Tannenzapfen und Walnüsse auf, die dunkelroten, tiefblauen, grünen und silbernen Kugeln, die flimmernden Glöckchen und Sterne, breitete das schimmernde Christhaar aus und spannte die Goldketten von Zweig zu Zweig. Und zuletzt, wenn auch die unzähligen Wachskerzen rittlings auf den Ästen saßen, dann kam das Allerheiligste, die «Engelgruppe», die Mutter selbst anlegte. Lauter glitzernde Papierengel, jedes Kind hatte seinen, und in der Mitte schwebte ein rosiger Wachsengel mit einer weißen Fahne, auf der in Goldbuchstaben die Weihnachtsbotschaft strahlte: «Ehre sei Gott in der Höhe!»

Und dann, nach dem Mittag, schellten draußen vor der Veranda die vielen Schlittenglocken. Dick verpackt, daß man sich kaum rühren konnte, stolperte man hinaus: Mutter und die Jüngsten in die verdeckte Kibitke, Vater und die großen Brüder in die offenen Einspänner-Schlitten. Die alte Karlin brachte noch schnell eine glühendheiße Wärmflasche, die in einem Meer von Fellen unter Mutters Füßen versenkt wurde. Dann knallte der alte Janz mit der Peitsche, die drei Apfelschimmel, der eine spitzgespannt, zogen an, und mit hellem Glockengeläut flogen die Schlitten knirschend über die frostglatte Bahn zur Kirche.

In der Kirche war es aber eisig, zwei dünne

Weihnachtsbäume flackerten am Altar, und schnaufend und stöhnend, wie von Frost geschüttelt, tremolierte die Orgel: «O du fröhliche ...» So saß man frierend, trat heimlich mit den Füßen, zählte die brennenden Kerzen und sah den Dampf aus den Mündern steigen. Dann aber, wenn der letzte Vers ausgesungen war und die Orgel noch die seltsamsten Töne ausstieß und alles hinausdrängte in die blauklare Winterdämmerung, dann gab es ein Sichbegrüßen von allen Seiten: Nachbarn, vom Doktorat und Pastorat, ein Winken und Peitschenknallen, Schellen- und Glockengeläut, bis sich alles in Bewegung setzte.

Karlomchen war aber daheim geblieben, und als der erste Schlitten vor der Veranda hielt, stand schon die dampfende Schokolade mit dem Gelbkringel auf dem Tisch. Die Saaltüren waren geschlossen, und niemand durfte in die Nähe, wenn sich eine Spalte öffnete und etwas hineingetragen wurde.

Und nun begann die Wunderstunde, die Stunde im Dunkeln am brennenden Kamin unter der mattblauen Ampel. Hier saßen alle Geschwister dichtgedrängt auf dem Sofa und auf dem Elchfell gelagert, und indes man einander «gruselige» Geschichten erzählte, starrten die Augen gespannt zur Saaltürritze, die immer heller aufglühte. Dann klingelte es, noch einmal und ein drittes Mal, und die Flügeltüren öffneten sich weit, ein Lichtmeer tat sich auf, in das man geblendet hineintaumelte ...

Mutter und Karlomchen gingen von Tisch zu Tisch und ließen sich alle Wunderdinge zeigen. Vater aber blies mit dem langen Pfeifenrohr die Kerzen aus, die zu Ende gebrannt waren, und löschte, wenn ein Zweig Feuer fing.

Unten aber, in der weiß gescheuerten Gesindestube, brannte ein ungeheurer, von bunten Papierrosen ganz überschütteter Weihnachtsbaum. Die Knechte schneuzten sich verlegen, die Mägde, Viehweiber und alten Waschfrauen standen da mit gefalteten Händen, kleine Mädchen und Buben drängten sich scheu hinter buntkarierten Schürzen. Der Gärtner taktierte, und ein schriller, langgezogener Gesang ließ die Fenster klirren. Der alte Indrik las aus der Bibel, der Verwalter hielt eine kurze Ansprache, und dann drängte sich alles zu den Tischen, wo die Bescherung begann. Tücher, bunte Stoffe, Tabak, Pfeifen, Äpfel, Pfeffernüsse und Knallbonbons, Karlomchen und Tante Melanie teilten jedem das Seine zu, während Mutter, sich vergeblich sträubend, Handkuß auf Handkuß entgegennehmen mußte.

Und dann kamen die Weihnachtstage, Besuch von den Nachbarn, von den Altmarusenschen, den Hummelseeschen, Pastorat und Doktorat.

Das Schellengeläute vor der Veranda hörte gar nicht auf. Die vielen bleichsüchtigen Damen vom Doktorat teilten Pfänder aus, tranken heißen Punsch und aßen Konfekt, bis sie leise stöhnend in ihren altmodischen Pelerinen wieder abfuhren.

Wenn aber aller Besuch fortgefahren war, nur noch eine kleine Kerze am Baum brannte, der gespensterhafte Schatten an die Decke und an die Wände warf, dann nahm uns Karlomchen still an der Hand, führte uns vor die Engelgruppe und zeigte auf drei kleine Papierengel, die höher als die anderen hingen.

«Das sind die drei kleinen Schwestern im Himmel», sagte Karlomchen. «Und einmal kommen wir auch dorthin!»

Vater aber klopfte an den Barometer: «Es klärt sich auf. Morgen geht's mit den Hunden auf die Hasenjagd!»

KL. KLOOTBOOM-KLOOTWEITSCHEN

Die Schlittenfahrt im Juli

Erster Auftritt. Carol traf in seinem damaligen Stammlokal Ledoyen an den Champs-Elysées in Paris einen älteren, sympathischen Jagdfreund, Montmorency. Der hatte eine lebhaft südliche Aussprache. Ein Gespräch entwickelte sich rasch. Carol fragte: «Woher sind Sie?»

«Vom Süden. Und Sie?»

«Vom Norden. Äußerster Süden?»

«Provence. Und Sie?»

«Äußerster Norden. Ostpreußen. Ist die Provence sehr südlich?»

«Zweifeln Sie?»

«Ja. Ist die Gascogne nicht südlicher?»

«Nein, wir sind der Sonne näher. Was glauben Sie, wir können im Juli Eier im Sande garkochen! Wir brauchen sie nur hineinzulegen.»

Carol gefiel der Ton und der Mann. Er antwortete: «Das ist gar nichts. Bei mir in Eichenort fahre ich das ganze Jahr rund ... Schlitten. Wir brauchen uns nur hineinzusetzen.»

Montmorency tat schwerhörig. «Ich habe nicht verstanden. Was fahren Sie?»

«Wir fahren bei mir das ganze Jahr rund Schlitten.»

«Verzeihung. Sagen Sie das bitte noch einmal, wenn Sie können.»

«Gern! Wir fahren das ganze Jahr rund bei mir Schlitten!»

«Jetzt habe ich Sie festgenagelt, Sassenburg! Unmöglich! Unmöglich! Und zum drittenmal unmöglich!»

«Ich kann mein Klima nicht ändern. Ich lade Sie ein. Überzeugen Sie sich, ehe Sie bei mir in Eichenort ... etwas für unmöglich erklären. Sie brauchen nur in den Schlitten einzusteigen.»

«Ich gehe jede Wette dagegen ein, daß Sie im Juli Schlitten fahren.»

«Die verlieren Sie.»

«Das werden wir sehen. Ich habe ernsthaft Lust, mit Ihnen zu wetten.»

«Ich auch.»

«Um so besser.»

«Für mich!»

«Ich wette 10 000 Franken, daß Sie nicht im Juli Schlitten fahren können.»

«Ich halte die Wette, mein lieber Herr und Freund. Ich fahre mit dir Schlitten.»

«Es gilt!»

Montmorency war voll Vergnügen und Eifer.

«Also 10 000 Franken», sagte Sassenburg gelassen.

«Herr Ledoyen, lassen Sie bitte einen Notar kommen.»

Der Notar kam und besiegelte das Dokument. Es enthielt das Datum des 3. März 19 . . . zu Paris. Es beurkundete mit den Ketten des Rechtes eine Wette, dergestalt, daß die Wette um 10 000 Franken gewonnen oder verloren wird. Montmorency muß bezahlen, wenn eine Schlittenfahrt im Juli in Eichenort möglich ist. Carol muß bezahlen, wenn nicht.

Dritter Auftritt. Die Provence stöhnte unter Jutgluten. Montmorency mußte kräftig lachen. Er öffnete ein Telegramm aus Eichenort: Herzliche Einladung zur Schlittenfahrt. Eilen Sie, sonst taut der Schnee. Sassenburg-Eichenort.

Montmorency fuhr nach Paris. Dort war es merklich kühler. Er hatte eine Konferenz mit seinem Freunde Flammarion, der von arktischen Kaltluftpolstern philosophierte und nicht ja noch nein sagte.

Montmorency fuhr weiter nach Berlin. Frischere Luft. Er hatte eine Konferenz mit Wilhelm Bode im Kaiser-Friedrich-Museum über seinen Rembrandt. Bode lachte: «Ostpreußen? Kenn ich von Friedrichstein her. Dort ist alles möglich. Mein Freund August Dönhoff pflegt zu sagen: Ich will vom ostpreußischen Wetter nur eins sicher prophezeien. Man kann im Juli bestimmt nicht Schlittschuh laufen. Aber Schlitten fahren? Wer weiß?»

Montmorency depeschierte und nahm den

Schnellzug nach Rastenburg. In Rastenburg war kühlere Luft. Von Schnee keine Spur.

Am Bahnhof standen die verschiedenen Abholer. Kein Schlitten darunter.

Ein Wagen mit vier Pferden, vom Sattel gefahren, hielt vor dem Hauptportal der Station. Roßmuth, im Schafpelz, erkannte sofort den Gast aus der Provence und bat ihn, im Wagen nach Eichenort Platz zu nehmen. Er hing ihm einen Fahrpelz über, brachte eine Pelzmuffe und knüpfte eine schwere Pelzdecke fest. Das Gepäck wurde verstaut.

«Wozu der Viererzug am leichten Wagen? Und wozu das Pelzwerk? Ist das bei euch landesüblich?»

«Wir kommen sonst nicht durch, Eure Hoheit!»

«Was sollen die beiden Reiter da vorn mit den Spaten?»

«Das sind die Vorreiter zum Ausgraben. Wir haben auf der Herfahrt ausgraben müssen.»

«Ja, woraus denn in aller Welt ausgraben? Was meinen Sie mit dem Ausgraben?»

Roßmuth schlug den Kutschenschlag zu und sagte: «Wenn wir im Schnee steckenbleiben!»

Nachdem er das kühne Wort gesagt hatte, eilte er verdächtig schnell nach vorn, um auf den Kutschbock aufzusteigen. Montmorency rief vorwurfsvoll: «Pfui! Du hast getrunken! Abfahren!»

Es ging hinauf in die Wälder. Sie waren grün. Aber ein kalter Wind wehte. Die Fahrt war lang. Dreißig Kilometer. Allmählich sank der Abend herab. Der Gast aus Frankreich blickte unwillkürlich aus einer seelischen Abwehr immer wieder sorgend nach rechts und links auf die Feld- und Waldstücke. Er beruhigte sich immer wieder. Es war alles sommerlich grün.

Als es dämmerte, fingen die Hufe der Pferde und die Räder des Wagens an, eigentümlich zu knirschen. Montmorency warf einen erschreckten Blick auf die Straße. Sie war schneeweiß! Das Knirschen und Mahlen wurde stärker. Der Gast aus der Provence traute seinen Augen nicht. Die vier Pferde mühten sich und schwitzten durch Schneewehen bis an die Bäuche, der Wagen sank bis an die Achsen hinein, der Schnee türmte sich auf. Der Wagen hielt. Die Vorreiter sprangen ab und schaufelten eifrig die Wagenräder aus. Unter wildem Johlen wurden die Pferde angetrieben. Vergebens! Der Wagen stockte, legte sich schräg und war nicht vorwärts und nicht rückwärts zu bringen.

Klirrendes, melodisches Schellengeläut im Traberruck und -zuck drang die große Eichenallee herauf. Glöckchengeklingel und Pferdegewieher, blitzende Laternen und flatternde Behänge! Ein Schlitten, bespannt mit einem Viererzug Rappen, jagte heran. Carol im Pelz rief herüber: «Steigen Sie bei mir ein! Eichenort begrüßt Sie von Herzen! Aber schämen Sie sich! So dicken Schnee mitzubringen!»

Montmorency wurde im Triumph die lange Eichenallee zum Schloß gefahren. Zur Rechten Carols sitzend, durch das nachtdunkle Eichengewölbe, auf schneeweiß stiebender Schlittenbahn, im vollen Galopp des Viererzuges, im Geläut der silbernen Glöckchen, und so über den weiten Platz, der in seiner ganzen Größe schneebedeckt dalag. Und so vor das alte weiße Haus, das dastand als ein strahlender Anblick, die Fensterreihen blinkten von Lichtern, und so vor die Haustür, die mit weißbeschneiten Tannengirlanden geschmückt war. Der Widerhall der Schlittenglocken klang von allen Seiten zurück.

Der Schwung der Überraschung riß Montmorency hin. Beim Aussteigen schüttelte er den Schnee ab und rief Carol zu: «Eine herrliche Schlittenfahrt! Gerade, weil sie unmöglich ist, Sie Magier! Das nenn ich eine königliche Begrüßung! Also das ist Eichenort im Juli!» Feierliche Umarmung.

«Daß Sie ein Sassenburg sind, wußte ich! Daß Sie aber Macht über die Elemente haben, weiß ich seit heut!»

Er schnippte sich den Schnee vom Pelz. Ein Körnchen Schnee führte er zum Munde. Mit einer Grimasse lachte er Carol an: «Salziger Schnee!»

Hochgehende Festwogen folgten. Es war wohl der schönste und geglückteste Abend, den Eichenort jemals gesehen hat. Es war vielleicht der Höhepunkt von Carols törichtem Leben. Aber wer erkennt schon den Höhepunkt im zerrinnenden Augenblick, während er ihn erlebt?

Der zweite Auftritt hatte sich vier Wochen vorher abgespielt. Gutsbüro in Eichenort. Vor Carol sein langjährig verbundener Lieferant Budgereit, der für den Herbst über Viehfutter und Kunstdung abschloß.

Carol betrachtete prüfend die bunte Reihe der Probegläser mit den verschiedenen Sorten von Kunstdünger.

Er fragte: «Budgereitchen, nun sag mir mal, welches ist die weißeste Mischung in deiner Giftküche?»

Budgereit, höchst erstaunt: «Die weißeste? Wieso die weißeste?»

«Möglichst weiß wie Schnee!»

«Weiß? Dies ist weiß.»

Carol nahm das Probeglas, öffnete den Stöpsel und schüttelte den Inhalt zum Fenster hinaus.

«Schön, sehr schön», sagte er und blickte auf den Kiesweg vorm Haus.

«Wie heißt das Zeug?»

«Schwefelsaures Ammoniak, das beste für die Hackfrucht.»

«Kannst du das als Fixgeschäft liefern, prompt zum Termin?»

«Jede Menge sicher wie Gold und zu jedem Tag.»

«Na, dann liefer mir mal zum ersten Juli prompt etwas schwefelsaures Ammoniak, sagen wir ... zehn Waggons, adieu!»

Verdutzter war Budgereit nie. Aber er lieferte prompt. Daher kam es, daß in der Grafschaft Eichenort in jenem Jahr eine sagenhaft reiche Ernte eingebracht worden ist, Kartoffeln wie Melonen und Rüben wie Kürbisse, weil ein Montmorency aus dem reinsten Blut Frankreichs über den Kunstdung Schlitten gefahren war. Bei jeder Ernte von dicken Kartoffeln erzählen die Leute noch heut von dem Märchenbilde der Schlittenfahrt im Juli, die der Carol für einen provençalischen Königssohn veranstaltet hat.

Ein kleines Nachspiel hat einige Wochen nach der Fahrt beim Frühstück stattgefunden.

«Geben Sie mir das Salz zum Frühstücksei!» sagte die alte Kusine Goby zum Güterdirektor Hintersass.

Er seufzte vernehmlich, durch gekniffene Lippen atmend: «Ach, du lieber Gott! Ich kann Salz schon gar nicht mehr sehen! Alles schmeckt nach schwefelsaurem Ammoniak. Wenn er doch wenigstens Kali genommen hätte! Das hätten wir für die Winterung brauchen können, und es wäre billiger gekommen. Oder Guano?»

«Ja, wollen Sie lieber Guano zum Ei nehmen?» fragte Kusine Goby maliziös. Man lachte.

«Was mag das Ganze gekostet haben?» fragte der dicke Münzgelehrte Schlank.

«Ach, du lieber Gott! Wenn er doch Kali genommen hätte! Das hätte mehr gebracht.»

«Gebracht? Glaub ich nicht. Sie meinen ein Heidengeld gekostet!»

«Die Rechnung von Budgereit über das Ammoniak macht 8037 Mark und 80 Pfennig. Ach, du lieber Gott! Die Reichsbank hat vorige Woche über den Credit Lyonnais von Montmorency die Franken mit zehn Mille überwiesen. Der Kurs ist so schlecht! Die machen 8120 Mark und 33 und eigentlich noch ein Drittel Pfennig, aber die Bruchteile zahlt die Reichsbank nicht aus. Ach, du lieber Gott! Worüber ich nicht aufhören kann, mich zu verwundern: Bei solchen Sachen macht er schamlos 92 Mark und 47 Pfennig Überschuß!»

LOVIS CORINTH

Toon Koornaust

Als ich als fünfjähriger Knirps zum ersten Male in der Schule gewesen war, lief ich auf meine Eltern zu und fragte sie: «Wann ist denn mein Geburtstag? Der Lehrer will es wissen.» Meine Mutter lachte und gab mir zur Antwort: «Segg, toon Koornaust!» Ich sah sie verdutzt an und war nicht klüger als vorher.

Erst viel später reimte ich es mir zusammen, daß die Bauern und einfache Leute wichtige Ereignisse relativ miteinander bekennzeichnen.

So wurde denn mein Geburtstag stets mit einer Roggenernte verbunden oder umgekehrt. Heute mache ich mir aus jener Äußerung eine ganze Geschichte:

Am 21. Juli 1858 war alles gerüstet, am frühesten Morgen auf das Feld zu gehen. Da jedenfalls das schönste Sommerwetter war und alles Gute auf die Ernte, wie auf die Geburt zu weisen schien, so wurden, um die Arbeit schneller zu beendigen, alle Menschenkräfte verwandt, über die man verfügte. Deshalb war wohl meine Mutter in ihrer schweren Stunde beinahe allein, und Haus und Hof war still wie ausgestorben. Als alle wieder abends in das Haus zurückkehrten, war wohl der neue Weltbürger bereits da. Gesund und wohlgeboren mußte ich sein, denn verhältnismäßig früh, den 8. August, wurde ich in der kleinen Stadtkirche zu Tapiau getauft.

Ich erhielt den Namen: Franz Heinrich Louis Corinth. Mein Vater war Bürger von Tapiau und meine Mutter eine geborene Buttcher, verwitwete Opitz. Mein Pate war außer den Geschwistern meines Vaters der Kaufmann William Bauer, welcher an der Deime eine Dampferstation nebst einem Kolonialwarenladen innehatte.

Ich schiebe den Vorhang beiseite und wir sehen ein kleines ostpreußisches Städtchen. Kleine Leutchen gehen geschäftig ihrem Werkeltag nach; sie glauben, daß der liebe Gott das ganze Weltall expreß für sie allein gemacht hat.

Als Kind war ich für die Menschen, welche mit mir oder ich mit ihnen zu tun hatte – wie Kinder sein mögen – der Sonnenschein des Hauses gewesen. Die Arbeiter und Tagelöhner, welche von meinen Eltern gehalten wurden, gingen ihrem Tagewerk mit ernsten und düsteren Mienen nach. Sie erhellten sich aber, wenn sie mich auf dem Hofe hantieren sahen, und wenn sie mir zuriefen: «Na Luke, wat deihst du denn da?»

Oft stand ich im Gehöft an der hinteren

Haustüre auf einem Absatz, welcher mit drei kümmerlichen, ungleichen und steinernen Stufen in den Hof führte. Darauf wimmelten schnatternde Enten und gackernde Hühner, ab und zu balancierte eine Katze vorsichtig über das feuchte Steinpflaster. Außerdem hatte der Hof fünf nahe aneinanderliegende Lohgruben, zwei Kalkgruben und mehr nach der Mitte zu eine große Sumpfgrube. Meistens stand vor jeder Grube ein Gesell, der Leder herausfischte, mit Lederschurz und langen, bis zu den Hüften reichenden Transtiefeln. Er prüfte den Werdegang zum fertigen und gebrauchsfähigen Leder; denn mein Vater war Gerbermeister und gehörte zu den «Reichen», was ich von meinen Spielkameraden oft genug höhnen hörte, deshalb hielt ich es damals noch für schimpflich, reich zu sein. Zuletzt war er sogar Ratsherr geworden, und als ich diesen Titel, von der Mutter, vielleicht heimlich in stiller Stunde prahlerisch ausgesprochen, gehört und ihn wiederholt hatte, erhielt ich von ihr eine solche Tracht Prügel, daß mir die Lust, diesen Titel weiter zu nennen, für immer verging.

War ich entlang den Gruben gegangen, so schwenkte ich rechts von der Sumpfgrube ab, am Kuhstall und Schafstall vorbei, und ich traf auf die allergrößte Grube, welche mit trockener Lohe bis oben herauf ganz zugeschüttet war.

Hier hatte man mich hineingehoben, als sie ganz leer war und dieselbe gefüllt wurde mit je einer Schicht Lohe und einer Schicht Leder. Daran reihte sich ein baufälliger, grünbemooster Bretterzaun, mit einem großen viereckigen Holzstoß aufgeschichtet, der zum Heizen für den Winter dienen sollte.

Die zweite Hälfte des Hofes war für die Landwirtschaft reserviert; mein Vater führte nämlich neben der Gerberei, wie dies oft in den kleinen Städten der Fall ist, einen größeren Ackerbetrieb. Deshalb standen hier eingeengt Wagen bei Wagen; zur Zeit der Ernte war kaum Platz für die vielen langen Erntewagen, oder wie sie dort genannt wurden: «Austwagen». Das Haus, welches den Hof flankierte, enthielt den Pferdestall und Kuhstall und dazu in einer Ecke einen großen Misthaufen.

Durch den vorher erwähnten Bretterzaun führte das schief in den Angeln hängende Tor zu dem hochgelegenen Ufer des Flusses, welcher hier zum Kurischen Haff vorbeitrieb. Auf ihm verkehrten viele Reisekähne, auf denen die Kahnschiffer, mit langen Stangen längs dem Ufer entlang schiebend, mit Schimpfen und Schreien ihre Kameraden anfeuerten. Dieses Ufer war grün von spärlichem Unkraut: Löwenzahn und graues Bilsenkraut mit ekelhaft duftenden violetten Blüten wuchs dort. Das

Ufer der anderen Seite erschien grüner, und wir konnten leicht mit einem Stein hinüberwerfen. Auch lag an abschüssiger Stelle des Ufers ein Floß, auf dem meistens ein Gerbergeselle fleißig die Felle von der beizenden Lohe oder vom Kalk durch Hin- und Herschwenken im Wasser sauber schälte. Im Winter haute er eine Wuhne in das dicke Eis, und steckte zur Warnung für offenes Wasser eine Stange mit einem Strohwisch hinein.

Oft beobachtete ich von dem früher geschilderten Treppenabsatz das «Leben der Natur», wie es ungeschminkt von den Tieren in dem Hofe gepflegt wurde. Lachen erschallte aus der Küche, die ganz nahe an dem Treppenabsatz war, wenn ich um Hilfe rief, sobald der Hahn ein Huhn trat.

Manchmal tobte ich auf dem Hofe herum und fing Sperlinge. Die Salzbüchse in der Hand, versuchte ich mit aller Geschicklichkeit und aller Mühe, Salz «auf den Zagel» der Sperlinge zu streuen.

Der Hof war meine kleine Welt. Mit den arbeitenden Gesellen unterhielt ich mich. Ich war immer an der Sumpfgrube zu finden, wenn ein Tagelöhner von den rohen Fellen die Schwänze, Klauen und Hörner herausschnitt, als erstes Stadium für den Werdegang zum fertigen Leder. Oft schnitt der Arbeiter Stücke rohen Fleisches heraus und warf es den gierig wartenden Katzen zu. Dabei entstanden wohl zwischen dem Steinpflaster blutige Pfützen, aus denen die Hühner dann begierig tranken. In der Nähe war hier das Gebäude, in welchem der Pferde- und Kuhstall war. Im Pferdestall stampften unruhig vier Füchse und zwei Braune hin und her. Die Pferde kannten mich wohl und behandelten mich ohne den geringsten Respekt ebenso wie mein Lieblingsknecht, welcher alle Tiere mit Namen nannte. Ich war nicht wenig verwundert, als mein Lieblingsknecht mit meinem Vater einen bösartigen Streit hatte, und als sein gutmütiges Gesicht sich in ein böses widersetzliches Mienenspiel verwandelte. Er sollte betrunken gewesen sein, und in diesem Zustande verstand eigentlich meine Mutter den Männern am besten den Kopf zurechtzusetzen.

Meine erste positive Erinnerung fand mich am frühen Morgen auf dem Rücken eines nervösen und beweglichen Pferdes. Mit beiden Kinderhänden hatte ich mich ohne Furcht in der gelben Mähne festgeklammert, auch hielt mich wohl einer meiner Halbbrüder desto sicherer oben fest. Dieses Tier war mit mir gleichaltrig und war ein dreijähriger Hengst. Mein Vater hatte ihn eben neu auf dem Insterburger Pferdemarkt gekauft, und jetzt sollte er sich erst in seiner neuen Umgebung eingewöhnen. Von da ab hielt mich der Stall in seinem Bann. Sechs Füchse standen da und mit ihnen wurde ich bald intim bekannt. Alle Augenblicke bat ich, daß man mich aufsetzte. Den Weg vom Wagen nach dem Stall legte ich reitend zurücke. Einstmals, als das Tier unter mir gescheucht wurde, setzte es mich unsanft auf die Erde. Den nächsten Morgen sah ich mich, wie mein Vater, meinen Kopf sorgsam an seine Brust gelegt, in wiegendem Schritt auf und ab ging. Der Gefahren waren viele, die mich bedrohten.

Eine nächste Erinnerung taucht in mir auf, wie ich zwischen den Lohgruben mit einem Stöckchen spazierenging. Ich maß nun eifrig die Tiefe der Gruben und neigte mich solange herab, bis ich – plumps – in eine hineinfiel. Ich zappelte aus Leibeskräften in dem braunen Wasser herum und schrie: «Au Otte, Au Otte!!» Ein Spielkamerad hockte an der Hintertür und sah meinem Treiben gespannt zu. Endlich lief er doch mit der Nachricht zur Küche. Nun stürzten die Mägde und alles, was kochte und kochen half, schnell herbei und zogen mich, vielleicht noch im letzten Augenblick, heraus. Ich lag im Bett und wurde durch einen heißen Tropfen aufgeweckt, der auf meinen nackten Körper fiel. Meine Mutter erzählte dem Vater, welcher wohl vom Felde gekommen war, von dem Unglück; ich sah meinen ausgestreckten Körper entlang,

einige Stücke Borke waren noch kleben geblieben. Die Eltern liebkosten mich, und meine Mutter deckte mich stolz ganz auf und sagte: «Seh
moal de lange Beene» und deckte mich vorsichtig
darauf wieder zu, damit ich, weiter schlafend,
mich von meinem Schreck erholen konnte . . .

HERMANN SUDERMANN

Das singende Eis

Winterszeit – Schlittschuhzeit! Ein großes Fest.
   Heute, da ich den Winter hasse und die kurzen Monate der Wärme und des Blühens als ein
karges Gnadengeschenk auszukosten bestrebt
bin, kann ich mir kaum noch vorstellen, mit
welcher Inbrunst wir dem ersten Frost entgegen-
harrten. Freilich ist meine Heimat mit ihren
Strömen und Überschwemmungen, mit ihren
langen Kältezeiten und dem kurzlebigen Tau-
wetter dazwischen, das nur dazu dient, die Eis-
flächen vom Schnee zu befreien, für den Schlittschuh ein Betätigungsfeld wie kaum ein anderes
in Deutschland.
   Keine väterliche Strenge, keine mütterliche
Sorge war unserer Leidenschaft gewachsen.

Hätte man uns eingesperrt, wir wären zur Bodenluke hinausgeklettert. Hätte man uns die Schlittschuhe weggenommen, wir hätten uns welche aus Brettern und Messerklingen selber verfertigt. Und das haben wir gelegentlich mit Gottes Hilfe auch wirklich getan. Wenn die Kälte unter zwanzig Grad Reaumur hinabsank und ohne erfrorene Finger und Nasenspitzen die Heimkehr unwahrscheinlich schien, dann mußten wir zu Hause bleiben, und das kostete Tränen genug. Aber sonst war uns volle Willkür gegönnt. Nur dem Einbrechen stand man von elterlicher Seite mit ausgesprochener Abneigung gegenüber, und kamen wir mit nassen Kleidern heim, so setzte es Haue.

Nach sehr harter Frostzeit, in der wir, bis zu den Augen vermummt, gerade nur in die Schule gehen durften, geschah es eines Tages, daß ein linderes Lüftchen wehte : Minus 16 Reaumur, beinah wie im Juli. Da gab es natürlich kein Halten.

Mit meinem Bruder Otto, der anderthalb Jahre jünger war als ich, trieb ich mich auf dem Szieszefluß umher, und das lindere Lüftchen fegte das Eis vor uns blank, als sei es dazu gemietet.

Von Gefahr oder Unsicherheit war naturgemäß nicht die Rede. Nun gibt es jedoch in jedem strömenden Gewässer faule Stellen, die niemals recht zufrieren wollen. Sie sind dem Ortskundigen meistens bekannt, und auch ich wußte mit ihnen Bescheid. Ein Gutes aber mußte der klotzige Frost doch gehabt haben; darum lief ich jeder Vorsicht bar glatt in eine Blänke hinein und kam erst wieder zu mir, als ich im Wasser paddelnd die Kante des festeren Eises umklammert hielt.

Ein wenig mehr Schwung, und ich wäre nie mehr zum Vorschein gekommen. Mein Bruder half mir vollends heraus ... Was nun beginnen? ... Mit nassen Kleidern nach Hause zu kommen, war unmöglich. Noch unlängst hatte es ein Donnerwetter gegeben, und die Wegnahme der Schlittschuhe stand vor der Tür.

In solchen Fällen gibt es nur ein Mittel: man zieht sich aus, hängt die Kleider an einen Baum und läßt sie trocknen. Und so geschah es. Mein Bruder half mir die Schlittschuhe abschnallen. Die Stiefel behielt ich der Sicherheit wegen an, aber Mantel, Jacke und Hosen schaukelten alsbald programmäßig am nächsthängenden Aste.

Das Hemd hörte nach wenigen Augenblicken zu triefen auf. Das war schon ein schöner Erfolg – und das lindere Lüftchen wehte mir wollüstig um die klappernden Beine.

Ja, so stand ich nun da und schaute sehnsüchtig dem Prozeß des Trocknens zu. Der ging über Erwarten hurtig vonstatten.

Die Hosen fühlten sich nicht mehr im mindesten feucht an, doch wenn die Beinlinge einander berührten, dann gaben sie ein Geräusch von sich, als ob man Steine gegeneinander reibe. Das kam uns unheimlich vor.

«Ich werde sie doch lieber anziehen», sagte ich zu meinem Bruder. Aber als ich den Wunsch in die Tat umsetzen wollte, ergab es sich zu unserem Schrecken, daß die beiden Seiten so fest zusammengefroren waren, als wären sie zu einem Stücke verwachsen. Mit dem Schlittschuh wurden sie rasch auseinandergeschlagen, bis sie zwei Röhren bildeten, die ohne jeden Beistand auf dem Eise standen wie Männer. In die Röhren kroch ich wieder hinein, desgleichen in die gewaltsam geweiteten Ärmel, und dann kam der Heimweg. Daß er im Laufschritt vonstatten ging, wird jeder mir glauben, auch ohne daß ich's beteure.

Mama hatte eben die Lampe angesteckt und maß uns mit flüchtiger Teilnahme.

«War es auch nicht zu kalt?» fragte sie.

«Ach, es war wundervoll!» erwiderte ich und freute mich, daß sie nicht daran dachte, uns zu betasten.

«Wenn ich mich jetzt an den warmen Ofen setze», so überlegte ich, «dann müssen die Kleider bis zum Abendbrot trocken sein.»

Also gut. Den lauen Kaffee verschmähte ich,

um keine Zeit zu verlieren, und drückte mich dicht an die heißen Kacheln. Um den Sofatisch herum entwickelte sich das abendliche Familienleben. Mama saß über ihr Nähzeug gebeugt, Großmama strickte, und die beiden Brüder – der Jüngste war noch nicht so weit – machten tugendhaft ihre Schularbeit. Derweilen saß ich am Ofen und zitterte.

Da ereignete es sich, daß Mamas Händen irgendein Zeugstück entfiel. Sie bückte sich – bückte sich noch einmal – und ihr Blick wich nicht mehr vom Boden.

«Was ist das schon wieder?» fragte sie, mit dem Finger auf eine Dielenritze weisend, in der ein dünnes, dunkles Rinnsal dahergesickert kam. Der Finger erhob sich langsam und folgte der Richtung des Rinnsals bis zu dessen Quelle, die nirgendwo anders als am Ofen und gerade da sich befand, wo ich meine zwei Füße hingestellt hatte.

Sie stand auf, kam geradewegs auf mich zu, ihre prüfenden Hände glitten an meinem Körper entlang, und da war es mit dem Geheimtun zu Ende.

Aber dieses Mal gab es keine Haue, nicht einmal ein Scheltwort gab es. Ich wurde eilends ins Bett gestopft, bekam heißen Holundertee zu trinken, und am nächsten Morgen war nichts geschehen.

Oh, ihr glückseligen Schlittschuhfahrten ins weite Land hinaus! Späterhin habe ich einmal versucht, Kunstläufer zu werden – es ist mir mißlungen – gerade nur bis zum «Gegendreier» hab ich's gebracht. – Aber alle Seligkeiten des aufgestachelten und befriedigten Ehrgeizes sind unvergleichbar der weltentdeckenden Abenteuerlichkeit, mit der ein beflügelter Kinderfuß den blauen Fernen entgegeneilt.

Mein Auge hat manches von den Wundern der Welt geschaut. Ich habe die funkelnde Gletscherwelt zu meinen Füßen sich breiten sehen, ich bin auf schaukelndem Kamel und mit dem Kompaß als Führer in den sandigen, granitdurchstarrten Unendlichkeiten der Libyschen Wüste umhergeirrt, ich bin auf dem Indischen Ozean gefahren wie die seligen Götter, und die grüne, triefende Dämmerung des tropischen Urwalds hat mir ihre Geheimnisse hergeben müssen. Aber das Schönste von allem hat mir meine arme litauische Heimat geboten.

Gegen den Ausgang des Winters hin, im Monat März, wenn die erste Schneeschmelze die weiten Wiesen zu einem uferlosen See gewandelt hat, aus dem nur hier und da ein Gehöft oder eine Baumkronengruppe gleich Inseln herausragt, dann pflegt bei blauendem Frühlingshimmel ein kurzer, milder Frost noch einmal einzusetzen, der um die Mittagsstunde bei

Windstille zu widersinniger Wärme wird. Dann pflegen sich die Wasserflächen noch einmal mit einer leichten Eiskruste zu bedecken, die bei Tage leise abschmilzt und zur Nacht wieder stärker wird. Sie wird gerade stark genug, um einen Schlittschuhläufer zu tragen, und ist so glasklar und durchsichtig, daß man nichts von ihr gewahrt, selbst wenn man dicht über ihr dahinfährt. Im Gegenteil, man sieht nichts weiter wie unter ihr das niedergebogene grüne Gras und die Fischchen, die glitzernd in den Gräben hin und her schießen. Wäre das Klingen und Klirren nicht, mit dem die Schlittschuhe das Eis durchschneiden, man würde des Glaubens sein, erdentbunden durch die Lüfte zu schweben. Und schließlich glaubt man es wirklich. Nie, selbst im Traume nicht, habe ich die Illusion des Fliegens so ungeschmälert durchgekostet wie an jenen sonnenklaren Märznachmittagen, an denen Himmel und Erde in eins zusammenwuchsen und alle Langsamkeit und alle Schwere in lachender Wonne sich löste.

Der große Strom, der sonst ein sagenhaftes Dasein führte, da er wohl eine Meile entfernt war und von Kleinjungensbeinen niemals erreicht werden konnte, lag schon nach zehn Minuten in königlicher Ruhe da – weiße Schollengebirge, an den Rändern von blauleuchtenden Spiegeln übergossen. Auf diesen Spiegeln fuhr man hinaus in die fremde Welt, und das Herz jubelte nahenden Feenländern entgegen.

Und eines kam – sich dehnend zu lichtüberströmter Unendlichkeit. Der Strom wurde breiter und breiter – und plötzlich war er nicht mehr da – hatte sich aufgelöst in unabsehbarem Leuchten und Glitzern. Das Auge ertrank in Fluten des veilchenfarbenen Glanzes, die über breite kristallene Brücken daherströmten. Die Bläue rechts und links, die sich weitab in Nebeln verlor, glich nicht der Bläue des Inneneises, sie war durchmustert von Funken und Blitzen, als habe sie einen Sternenhimmel verschluckt, und dunkle, schmale Bänder zogen sich quer hindurch.

Das waren die Schrecken der Schlittengespanne, die offenen Stellen, in die man hineinfuhr wie in den Rachen des Todes.

Umkehren oder weiter hinaus? Nein, weiter hinaus. Trotz Herzklopfen und Todesgefahr. Einen Trunk Unendlichkeit trinken, ein Staubkorn werden wie jener Schlitten, der weit in der Ferne als schwarzes Pünktchen quer über das Haff kroch.

Das Eis erklang, die Risse donnerten, und so flog man hinein in die Lichtwelt, bis sie anfing, sich purpurn zu färben, bis das Blau sich zu Rosa verklärte und der blasse Märzenmond plötzlich am Himmel stand.

Dann aber dalli zur Umkehr! Der Abendfrost kam, die Kleider dampften, und konnte man noch in leidlicher Dämmerung zurück über den Stromdamm klettern, dann war man heilfroh.

Und dann plötzlich war alles zu Silber geworden. Silbern die Dächer – silbern die Baumkroneninseln – silbern die Bläue des Eises. Selbst das Gras, das verzaubert unter gläserner Decke des Frühlings harrte, war mit Silberfunken besetzt. Aber die Fischchen schliefen.

Und war man am Heimatufer gelandet und stapfte mit steifen Beinen dem Elternhause zu, dann wußte man niemals mehr, wo man recht eigentlich gewesen war. In einem Traumland? Auf einer Himmelswiese? In jenem Märchengarten, dessen goldene Pforte nur Glückskindern sich auftut?

QUELLENNACHWEIS

An dieser Stelle danken wir den Autoren und Verlagen, die uns freundlicherweise den Nachdruck folgender Beiträge gestatteten: Aufstieg-Verlag, München: *Hermann Bink · Bleib bloß zivilistisch* und *Fritz Skowronnek · Die kranke Ente*; Cotta'sche Buchhandlung Nachf., Stuttgart: *Hermann Sudermann · Das singende Eis*; Eugen Diederichs Verlag, Düsseldorf: *Marion Gräfin Dönhoff · Ritt durch Masuren* und *Agnes Miegel · Das Bad am Samstagabend*; Gräfe und Unzer Verlag, München: *Robert Johannes · Wir saßen in der Laube, Kl. Klootboom-Klootweitschen · Die Schlittenfahrt im Juli, Frieda Magnus-Unzer · Ort des Paradieses* und *A. von Weiss · Ostpreußisches Ortsverzeichnis*; Hoffmann und Campe Verlag, Hamburg: *Hans Hellmut Kirst · Das Leben – ein Fest* und *Siegfried Lenz · Eine Liebesgeschichte aus Masuren*; Albert Langen – Georg Müller Verlag, München: *Siegfried von Vegesack · Baltische Weihnacht*; Hermann Luchterhand Verlag, Neuwied: *Günter Grass · Der weite Rock*; Gebr. Mann Verlag, Berlin: *Käthe Kollwitz · Sommer in Rauschen*; entnommen den Merian-Monatsheften «Ost-

preußen» 1953: *Ottfried Graf Finckenstein* ·
Blonde Schwester Masurens, «Königsberg» 1955:
*Gertrud Papendick · Fleck, Schmand und Marzi-
pan;* Rowohlt Verlag, Reinbek: *Paul Wegener* ·
«Urherrscherdasein»